Adolph Philippi

Album der Dresdner Galerie.

50 Bilddrucke alter Meister mit begleitenden Texten von 1904

SEVERUS Verlag

Philippi, Adolph: Album der Dresdner Galerie. 50 Bilddrucke alter Meister mit begleitenden Texten von 1904. 2018
Neuauflage der Ausgabe von 1904
ISBN: 978-3-96345-030-3

Umschlaggestaltung: Annelie Lamers, SEVERUS Verlag
Umschlagmotiv: Cover designed by freepik.com

Bibliografische Information der Deutschen Nationalbibliothek: Die Deutsche Nationalbibliothek verzeichnet diese Publikation in der Deutschen Nationalbibliografie; detaillierte bibliografische Daten sind im Internet über https://dnb.de abrufbar.

Der SEVERUS Verlag ist ein Imprint der Bedey & Thoms Media GmbH,
Hermannstal 119k, 22119 Hamburg

SEVERUS Verlag, 2018
http://www.severus-verlag.de
Gedruckt in Deutschland

Adolph Philippi

Album der Dresdner Galerie

50 Bilddrucke alter Meister mit begleitenden Texten von 1904

SEVERUS

Editorische Notiz:
Der Text der vorliegenden Edition beruht auf der Ausgabe:
Adolph Philippi: Album der Dresdner Galerie. Fünfzig Farbendrucke mit begleitenden Texten. Verlag von E. A. Seemann, Leipzig 1904. Die Orthographie wurde behutsam modernisiert, grammatikalische Eigenheiten bleiben gewahrt. Die Interpunktion folgt der Druckvorlage. Der Inhalt ist im historischen Kontext zu lesen.

Beinahe alle unsere großen öffentlichen Bildersammlungen sind während der letzten zwei Jahrhunderte hervorgewachsen aus dem Kunstbesitz fürstlicher oder vornehmer reicher Herren, und wir wissen gar nicht, wie gut wir es darin haben, daß heute jedermanns Auge genießen kann, was einst nur für wenige Bevorzugte bestimmt war. Tausende von Fremden durchziehen alljährlich die Dresdner Galerie, die meisten im Fluge, und sie tun es auch nur, weil es eine berühmte Sache ist, sagt dann wohl der Dresdner, der selbst vielleicht gar nicht mehr in seine Galerie geht. Für ihn ist ja der Ausstellungspalast da mit „moderner" Kunst, mit Musik, Restaurant und Feuerwerk, und noch schöner findet er es vielleicht vor den Bilderläden der Pragerstraße und der Schloßstraße, von wo man durch eine Seitengasse auch nach der Galerie gelangen kann. „Heiligenbilder sind mir eenfach eklig", meinte neulich ein solcher Kunstfreund mit einer Handbewegung dorthin, wo für ihn der Inbegriff des „Ekligen" zu finden war.

Bekanntlich wurde auch ehedem in Dresden die Kunst der Gegenwart gepflegt, zugleich aber hatte damals die noch nicht so bequem aufgestellte Sammlung der alten Bilder eine größere Wirkung auf das geistige Leben als in unseren Tagen. Als im achtzehnten Jahrhundert, dem Zeitalter unserer großen Literatur, der Sinn für bildende Kunst sich in allerlei literarischen Formen seinen Ausdruck suchte, da gab in bezug auf Malerei die Anschauung beinahe allein die Dresdner Galerie her, innerhalb Norddeutschlands die einzige öffentliche Sammlung außer der Düsseldorfer, die aber schon 1806 nach München übersiedelte. Das Berliner Museum wurde erst 1830 eröffnet. In Dresden hatte bis 1755 Winckelmann gelebt, der Begründer der wissenschaftlichen Kunstgeschichte. Zwar kam es ihm nur auf die Antike an. Aber jeder weiß, wieviel an Anregungen er gerade auch den Dresdner Bildern verdankte. Und um das Ende des Jahrhunderts wurde die Galerie durch die Romantiker zum Mittelpunkt einer — wenigstens in Deutschland — ganz neuen Art von Kunstbetrachtung gemacht, die sich nicht an Fachgelehrte, sondern an die Gebildeten wandte, und in deren Anregungen wir noch heute stehen oder wenigstens stehen sollten. Ihre Auswüchse sind längst überwunden; ihre guten und gesunden Seiten dürfen niemals vergessen werden.

Im Sommer 1798 hielt die eben gegründete Romantische Schule in Dresden eine geräuschvolle Tagung, deren Kundgebungen in dem entgegengesetzten Lager der Körner und Schiller nachhallten. „Du hättest lachen müssen, liebe Lotte, wenn du die Schlegels mit Fichte gesehen hättest, wie sie ihn herumschleppten und ihm ihre Überzeugung einstürmten", ließ sich Frau Hofrätin Schiller aus Dresden berichten. Friedrich Schlegel war da, es kam sein Bruder August Wilhelm mit seiner Gattin Karoline Michaelis, der Frau von männlichem Verstande und wohl der begabtesten ihrer Zeit; sie bestellten sich Fichte und Schelling aus Jena, Novalis aus Freiberg. Man versammelte sich täglich in der Galerie, weckte Empfindungen und tauschte Gedanken aus, man baute Theorien und hielt einander Vorträge, alles vor den Bildern. Der Niederschlag dieser Unterhaltungen erschien unmittelbar darauf vor der Öffentlichkeit in dem von den Brüdern Schlegel herausgegebenen „Athenäum", zunächst in einer Menge geistsprudelnder Aphorismen, dann auch in zusammenhängenden Betrachtungen über einzelne Bilder und Bildergruppen, mit Gedichten untermischten Beschreibungen, den von August Wilhelm und Karoline abgefaßten „Gemälden". Aus dem Nebel halbbewußten Empfindens und dem Dämmerlicht des Traumredens stiegen doch allmählich die Grundlinien fester Gestalten auf. Die heute jedermann geläufigen Kunstgattungen wurden gegeneinander abgegrenzt, das Porträt im Verhältnis zur Historie, die Landschaftsmalerei mit ihren besonderen Absichten; die Aufgaben der Zeichnung und der Farbe wurden erörtert, und weitergehende Fragen aufgeworfen über die Wirkung eines Gemäldes, abgesehen von der Bedeutung seines Gegenstandes, über seinen Eindruck und seinen Stimmungsgehalt, und bis zu welchem Grade man dergleichen mit Worten unserer Sprache ausdrücken könne. Denn die bildende Kunst sollte dem menschlichen Bildungsideal der Romantiker eingefügt werden, nicht bloß Stoff für den kritischen Scharfsinn sein, wie bei Lessing, oder Unterlage für ästhetische Begriffe, wie bei den Philosophen. Den Fachgelehrten galten die Brüder Schlegel in ihrer weiten Bildung und zumal bei dem Mangel einer festen Schulsprache als Dilettanten. Aber zum Verstehen der nachantiken Kunst haben sie trotz ihrer vielfach verworrenen Weise doch nächst Herder und Goethe das Meiste beigetragen.

Denn Wilhelm Heinses Briefe über die Düsseldorfer Galerie für den „Merkur“ von 1776 und 77 sind so kurz, daß sie kaum eine Wirkung haben konnten. Man darf dreist behaupten, daß erst durch die Leseliteratur der Romantiker dem großen Publikum die Vorstellung von der Malerei als einer geistigen Lebensäußerung nahe gebracht worden ist; bis dahin dachte man bei dem Worte „Kunst“ an eine mehr oder minder antike Statue. Diesen erweiterten und lebendiger gewordenen Begriff von Kunst nahmen nun die Brüder Schlegel vertiefend und belehrend in Pflege. Auf ihre Weise, wie gesagt, und wir begreifen vollkommen, daß sich ein Schiller hoch erhaben über sie dünkte, der einige Jahre früher seine „Briefe über die ästhetische Erziehung des Menschen“ veröffentlicht hatte. Und doch ist uns heute für das Verständnis der lebendigen Kunst eine Handvoll Schlegelscher Fragmente von der Art des folgenden mehr wert. „In den Werken der größten Dichter atmet nicht selten der Geist einer anderen Kunst. Sollte dies nicht auch bei Malern der Fall sein? Malt nicht Michelangelo in gewissem Sinne wie ein Bildhauer, Raffael wie ein Architekt, Correggio wie ein Musiker? Und gewiß würden sie darum nicht weniger Maler sein als Tizian, weil dieser bloß Maler war.“ Es ist von Friedrich Schlegel und möge hier als Probe stehen, weil es sehr bezeichnend ist und uns zugleich an die von diesem Kreise ausgegangene hohe Schätzung Correggios erinnert, der gerade in der Dresdner Galerie so glänzend vertreten war. Den Richtungen des romantischen Kunstgeschmacks brauchen wir nicht weiter zu folgen. Es sollte nur auf die Anregungen, die er hier in Dresden fand, hingewiesen werden.

Was den Bestand der Galerie betrifft, so hatte schon Kurfürst August 1560 im Schlosse eine Kunstkammer eingerichtet, die auch einige Bilder enthielt. Erst August der Starke (1694—1733) kaufte im großen Stil, hauptsächlich niederländische und holländische, aber auch einzelne gute italienische Bilder, vor allem die Venus von Giorgione. Er war ein Fürst von selbständigem Geschmack und hatte kunstverständige Berater und Agenten zu seiner Verfügung. Schon 1722 wurde seine höchst ansehnliche Sammlung im zweiten Stock des Stallgebäudes am Jüdenhof aufgestellt. Aber freilich, mit der Düsseldorfer Galerie des Kurfürsten Johann Wilhelm war sie doch nicht zu vergleichen. Die Erwerbungen wurden unter August dem Starken noch weiter fortgesetzt. Unter seinem Nachfolger August III. (1733—1763) erreichte dann die Galerie ihre Höhe. Ein Glücksfall einziger Art brachte 1745 auf einmal hundert Bilder aus Modena, die großenteils einst des Herzogs Vorfahren auf ihrer Flucht von Ferrara mit sich geführt hatten, darunter Werke ersten Ranges wie Tizians Zinsgroschen, sämtliche Correggios, vier große Breitbilder des Paolo Veronese aus dem Hause Cuccina, Holbeins Sieur Morette und der Hieronymus von Rubens. Die Tizianschen Porträts sind nicht von demselben Werte, und die zahlreichen Bilder der Ferraresen Dosso Dossi und Garofalo, der Bolognesen Annibale Caracci, Guido Reni, Guercino und Albano sind zwar großenteils Hauptwerke ihrer Meister, und man kann z. B. den Annibale Caracci außerhalb Italiens nur aus seinen Dresdner Bildern kennen lernen, aber diese ganze Malerei der italienischen Nachblüte gilt uns heute nicht mehr so viel wie den Menschen jener Zeit. Im ganzen war doch der Kaufpreis der Sammlung von Modena ungeheuer hoch, indem jedes der hundert Bilder auf tausend Zecchinen (9,600 Mk.) bewertet wurde. Man begreift das, wenn man hört, daß sieben Jahre später für einen einzigen Guido Reni, den wir heute kaum noch ansehen mögen, Ninus und Semiramis, 3000 Dukaten bezahlt wurden. Mit dem modenesischen Erwerb war der Zuwachs noch lange nicht abgeschlossen. Vorher und nachher wurden ganze Sammlungen gekauft, die Wallensteinsche in Dux, Teile der kaiserlichen Galerie in Prag und der Galerie des Prinzen Carignan in Paris, dazu Hunderte von einzelnen Bildern, wie sie die Gelegenheit bot. Die Hervorhebung auch nur der wichtigsten würde uns hier zu weit führen. Nur zwei Erwerbungen dürfen nicht unerwähnt bleiben. Die eine, noch unter August III., brachte der Galerie ihren köstlichsten Schatz, Raffaels Sixtinische Madonna, die 1754 in Piacenza für 20 000 Dukaten gekauft wurde, einen Spottpreis nach heutiger Schätzung. Die andere fällt in eine viel spätere Zeit (1853), sie führte der Galerie fünfzehn Spanier aus dem Nachlaß des Königs Louis Philippe zu, eine bei der Seltenheit spanischer Bilder außerhalb ihres Heimatlandes besonders wertvolle Bereicherung.

Als jene hundert Bilder aus Modena in Dresden eintrafen, hatte man schon den oberen Teil des Stallgebäudes am Jüdenhof in ein Museum umzuschaffen angefangen, und in diesen neuausgebauten Sälen (des heutigen Johanneums) blieb die Sammlung über hundert Jahre lang, bis Sempers herrlicher Galeriebau am Zwinger 1855 in Gebrauch genommen werden konnte. Gottfried Semper verstand sich nicht bloß auf großwirkende Fassaden, sondern ebenfalls auf die

Anordnung der inneren Räume, wie sein Stadthaus von Winterthur, das Polytechnikum in Zürich oder seine Privathäuser dort und anderswo zeigen können, und er hat später gerade über die Einrichtung von Museumssälen eingehende Studien gemacht und zum Teil auch veröffentlicht. Aber damals — 1847 begann Semper den Bau und schon zwei Jahre später mußte er Dresden verlassen — war man in dieser Hinsicht noch fast ohne Erfahrung und ganz auf Experimentieren angewiesen. Erst die Zeit nach 1870 hat uns die vielen zweckmäßig eingerichteten und gut belichteten Museumsbauten in verschiedenen deutschen Städten gebracht. In der Dresdner Galerie sind die großen Oberlichtsäle zu hoch, und die Kabinette haben zu viel Blendlicht, was bei der reichlich angewandten Verglasung der Bilder doppelt störend wirkt. Durch sorgfältiges Aufhängen läßt sich zwar die Ungunst solcher Umstände einigermaßen überwinden, aber hier reichen die genügend belichteten Plätze kaum für die besten Bilder aus, und außerdem würde die großartige Sammlung einen ganz anderen Eindruck machen, wenn einmal das viele Minderwertige von den dichtbehängten Wänden entfernt und in die Magazine verwiesen werden könnte.

Der nachdenkende Besucher, der die Galerie nicht bloß als eine Sehenswürdigkeit flüchtig in Augenschein nimmt, wird sich wohl noch die Frage vorlegen wollen, worin ihre Berühmtheit besteht, die Frage nach dem spezifischen Wert ihres Inhalts, nach ihrer Stärke und ihren Schwächen im Vergleich zu anderen, namentlich den deutschen Sammlungen. In den großen italienischen Sälen dominieren zunächst die Meister der Spätblüte, Bolognesen und Ferraresen, die einen Hauptbestandteil des modenesischen Ankaufs ausmachten. Das Quattrocento (die Glanzseite des Berliner Museums) fehlt bis auf einzelne bescheidene Proben. Innerhalb der Hochrenaissance wiegt selbstverständlich Raffaels Sixtina eine ganze Sammlung auf, in bezug auf Correggio mit seinen vier großen Kirchentafeln muß jede Galerie Europas einzeln hinter der Dresdner zurückstehen, und für Paolo Veronese hat diese wenigstens in Deutschland ebenfalls nicht ihresgleichen. Tizian (für den Wien nächst Madrid die wichtigste Stätte ist) ist gut vertreten, ebenso Palma Vecchio, beide jedoch nur mit je einem Werke allerersten Ranges, dem Zinsgroschen und den Drei Schwestern, wozu dann noch Giorgiones Venus und der Sebastian von Antonello da Messina gerechnet werden müssen. Auf den besonderen Wert der spanischen Bilder, unter denen freilich ein durchschlagender Velazquez fehlt, haben wir schon hingewiesen.

In den nordischen Sälen tritt glänzend Rubens hervor (hier nimmt Dresden nach Wien und München die dritte Stelle ein), Jordaens und Snyders sind mit charakteristischen Bildern vertreten, weniger gut van Dyck. Ausgezeichnet wieder Rembrandt (für den innerhalb Deutschlands nur noch die Kasseler Galerie voransteht), und auch aus Rembrandts Kreise ist eine Anzahl vortrefflicher Bilder vorhanden. Die Altniederländer fehlen, abgesehen von dem Meister des Todes Mariä und einem Flügelaltärchen des Jan van Eyck. Von den altdeutschen Hauptmeistern ist Cranach allzu reichlich, Dürer und Holbein sind mit einigen guten Bildern vertreten. Ein seltener Schatz sind die drei kleinen Elsheimers.

In den kleineren Zimmern, die wir in dem letzten Teil unserer Übersicht schon betreten haben, überwiegen der Zahl nach die sogenannten Kabinettsmaler der holländischen Blütezeit (die freilich manchmal auch in größerem Format gemalt haben). Ungemein reich an erlesenen Stücken ist die beinahe vollständige Reihe der Sittenbilder mit kleinen Figuren; nur von einem Hauptmeister, Jan Steen, fehlt ein seiner würdiges Werk. Es folgen die Stilleben und Blumenstücke, diese namentlich in großer Zahl und von feinster Qualität. Dann die Figurenlandschaften. Hier nimmt Dresden mit seinen sechzig Wouwermans unter allen Galerien die erste Stelle ein; die äußerst selten im Handel vorkommenden Bilder dieses geschätzten Malers waren schon so früh in fester Hand, daß z. B. das Berliner Museum nur noch sechs in seinen Besitz hat bringen können. Endlich die reinen Landschafter. Jakob Ruisdael, der Herrscher in diesem Reiche, tritt in Dresden so königlich auf, wie nur noch in Petersburg oder in London. Auch sein Oheim Salomon und andere dieses Kreises fehlen nicht, und der außerhalb Englands seltene Hobbema zeigt sich wenigstens mit einer neuerdings angekauften Wassermühle.

Weniger zahlreich sind die vlämischen Kleinmaler vertreten, am besten Teniers und der Sammetbrueghel. Von einzelnen hervorragenden Bildern anderer Schulen sollen nur zwei Claude Lorrains in dieser Übersicht erwähnt werden, die endlich noch als letzten Schluß die außerhalb aller Konkurrenz dastehende Sammlung der Pastellbildnisse zu nennen hat.

Die zweite Auflage dieses Albums enthält neu Murillos Madonna, Correggios Madonna mit dem heiligen Franz und die unter Palmas Namen gehende „Begegnung Jakobs mit Rahel"

A. Philippi.

INHALT

1. HYACINTHE RIGAUD, König August III. als Kurprinz
2. ALBRECHT DÜRER, Christus am Kreuz
3. TIZIAN, Der Zinsgroschen
4. RAFFAEL, Die Sixtinische Madonna
5. FERDINAND BOL, Jakobs Traum
6. ADRIAEN VAN DER WERFF, Verstoßung der Hagar
7. SALOMON KONINCK, Der Eremit
8. JAN VAN DER MEER VAN DELFT, Die lesende Frau
9. CARLO DOLCI, Die heilige Cäcilie
10. KASPAR NETSCHER, Gesang mit Klavierbegleitung
11. GERARD DOU, Der Geiger
12. REMBRANDT VAN RIJN, Selbstbildnis mit seiner Frau Saskia
13. JAN DAVIDSZ DE HEEM, Das große Stilleben mit dem Vogelnest
14. GABRIEL METSU, Der Geflügelverkäufer
15. REMBRANDT VAN RIJN, Die lachende Saskia
16. ADRIAEN VAN OSTADE, Der Meister in seiner Werkstatt
17. DER MEISTER DES TODES DER MARIA, Die große Anbetung der Könige
18. JUSEPE DE RIBERA, Die heilige Agnes
19. GUIDO RENI, Christuskopf mit der Dornenkrone
20. LORENZO LOTTO, Maria mit dem Kinde und Johannes
21. FRANCISCO DE ZURBARAN, Bonaventuras Gebet während einer Papstwahl
22. RAPHAEL MENGS, Amor
23. REMBRANDT VAN RIJN, Bildnis eines bärtigen Alten
24. BARTOLOMÉ ESTÉBAN MURILLO. Maria mit dem Kinde
25. HANS HOLBEIN DER JÜNGERE, Bildnis des Morette
26. JEAN ÉTIENNE LIOTARD, Das Schokoladenmädchen
27. ANTON GRAFF, Selbstbildnis in ganzer Gestalt
28. ANGELICA KAUFFMANN, Weibliches Bildnis als Vestalin
29. ANTONIO ALLEGRI DA CORREGGIO, Die Madonna des h. Franziskus
30. JAN VAN EYCK, Ein Flügelaltärchen
31. ANTONIUS VAN DYCK, Die Kinder Karls I.
32. JACOB VAN RUISDAEL, Die Jagd
33. CLAUDE LORRAIN, Landschaft mit der Flucht nach Ägypten
34. ANTOINE WATTEAU, Gesellige Unterhaltung im Freien
35. PAOLO VERONESE, Die Hochzeit zu Kana
36. MEINDERT HOBBEMA, Landschaft mit Mühle
37. PETER PAUL RUBENS, Merkur und Argus
38. CIMA DA CONEGLIANO, Mariä Tempelgang
39. JAN WEENIX, Das große Stillleben mit dem toten Hasen
40. PALMA VECCHIO, Jakob und Rahel
41. JAN WILDENS, Winterlandschaft mit einem Jäger
42. MICHELANGELO CARAVAGGIO, Die Falschspieler
43. POMPEO BATONI, Die büßende Magdalena
44. FRANCESCO FRANCIA, Die Anbetung der Könige
45. JAN VAN DER MEER VAN HAARLEM, Blick von den Dünen
46. DAVID TENIERS DER ÄLTERE, Im Dorfe
47. WILLEM KLAASZ HEDA, Ein Frühstückstisch
48. ADRIAEN BROUWER, Bauernschlägerei beim Kartenspiel
49. JAN FYT, Hund, Zwerg und Knabe
50. CHRISTIAN LEBERECHT VOGEL, Zwei fürstliche Knaben

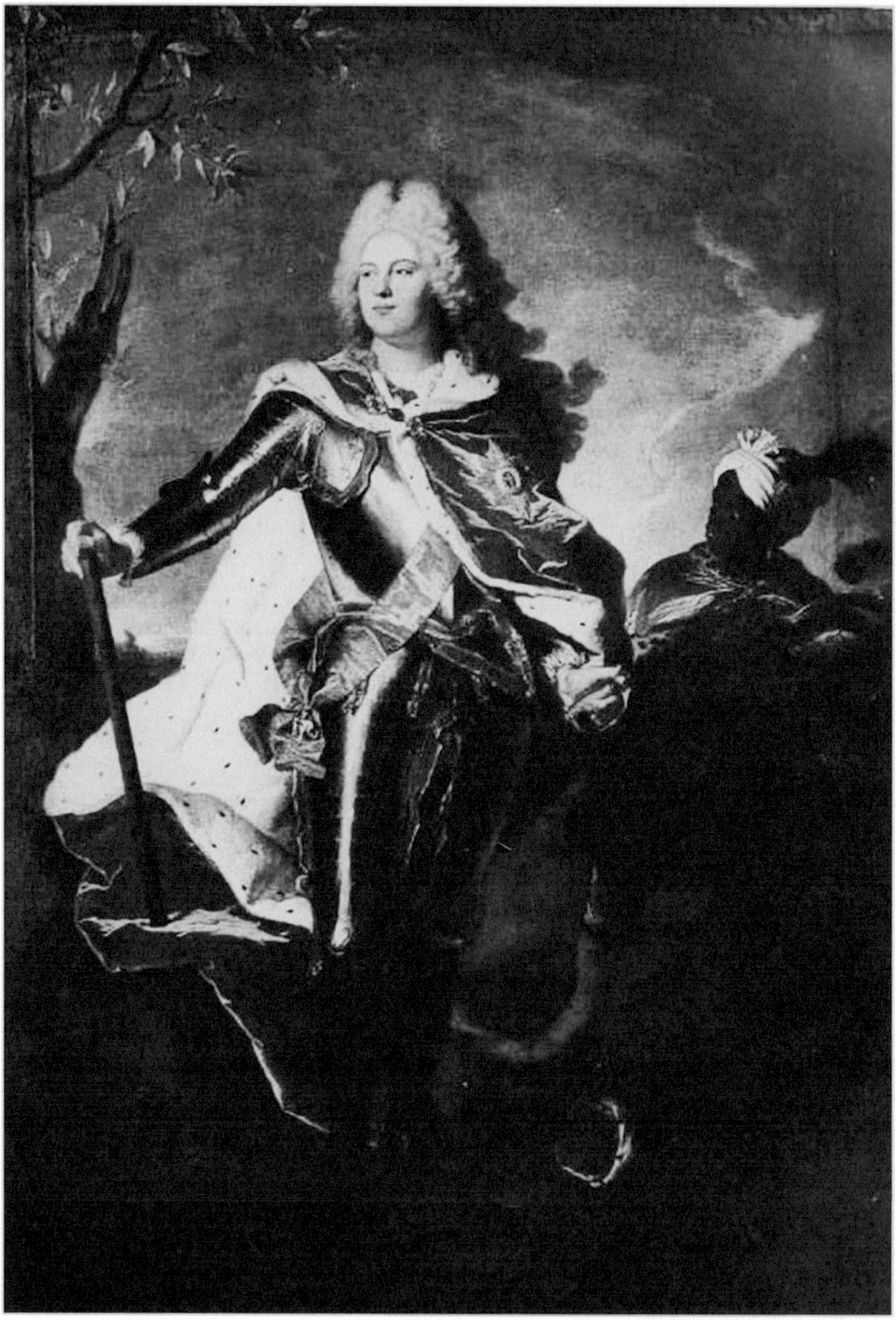

HYACINTHE RIGAUD

(1659—1743)

König August III. als Kurprinz

1

Das lebensgroße Bild des Prinzen, der als König den bis heute dauernden Ruhm der Dresdener Galerie begründete, ist von dem angesehensten französischen Bildnismaler jener Zeit 1715, im Todesjahre Ludwigs XIV., in Paris gemalt worden. Es drückt das ganze Selbstbewußtsein eines hochgeborenen Herrn aus, der weder interessant noch menschlich freundlich erscheinen will, nur hoch erhaben über die anderen, pomphaft und herrschermäßig, in dem Typus, zu dem der Sonnenkönig höchsteigen seinem Hofmaler das Vorbild gegeben hatte. Van Dyck, an dessen Porträts sich Rigaud bildete, hatte einst die vornehme Welt seines Zeitalters zwar ebenfalls vornehm dargestellt, aber mannigfach abgestuft nach den Unterschieden des persönlichen Wesens und Charakters. Sogar dem hoffärtigen Karl I. von England in aller seiner Blasiertheit hat er noch einen Zug abzugewinnen gewußt, der unsere Teilnahme erweckt. Diese individuellen Nuancen sind in Rigauds Porträtkunst abgestoßen, überdeckt von einem allgemeinen Ausdruck des Imposanten. Dem hochaufgerichteten Kopf entspricht eine herausfordernde Körperhaltung, dazu kommt die überlegte Anordnung einer ausgesuchten Kleiderpracht, deren Einzelheiten mit höchster Sorgfalt auf unzählige kleine Effekte hin gemalt sind. Lauter Lichter und Glanzfalten, alles will sich bemerklich machen, die Stoffe sind bauschig, wie vom Winde geschwellt, die Gewandzipfel flattern. Bei unserem Prinzen ist sogar das Ordensband unruhig geworden. Diese absichtsvoll gesuchte Unruhe gehört zu den Äußerungsmitteln des Barockstils, der noch einige Jahrzehnte weiterlebt. — Der Prinz steht im funkelnden Harnisch in demonstrativer Pose, den auswärtsgespreizten rechten Arm auf den Feldherrnstab gestützt, seine Allongeperrücke fliegt im Winde. Unter dem Hermelinmantel trägt er das blaue Band des Weißen Adlerordens der polnischen Könige. Wenn Feldherren barhäuptig gemalt wurden, pflegte man ihnen schon seit Jahrhunderten einen Pagen als Helmträger beizugeben. Diese Rolle hat hier ein junger Neger, dessen unmotivierte Lebendigkeit im Stil dieser Kunstweise zu dem gewollten Pathos der Szene beiträgt.

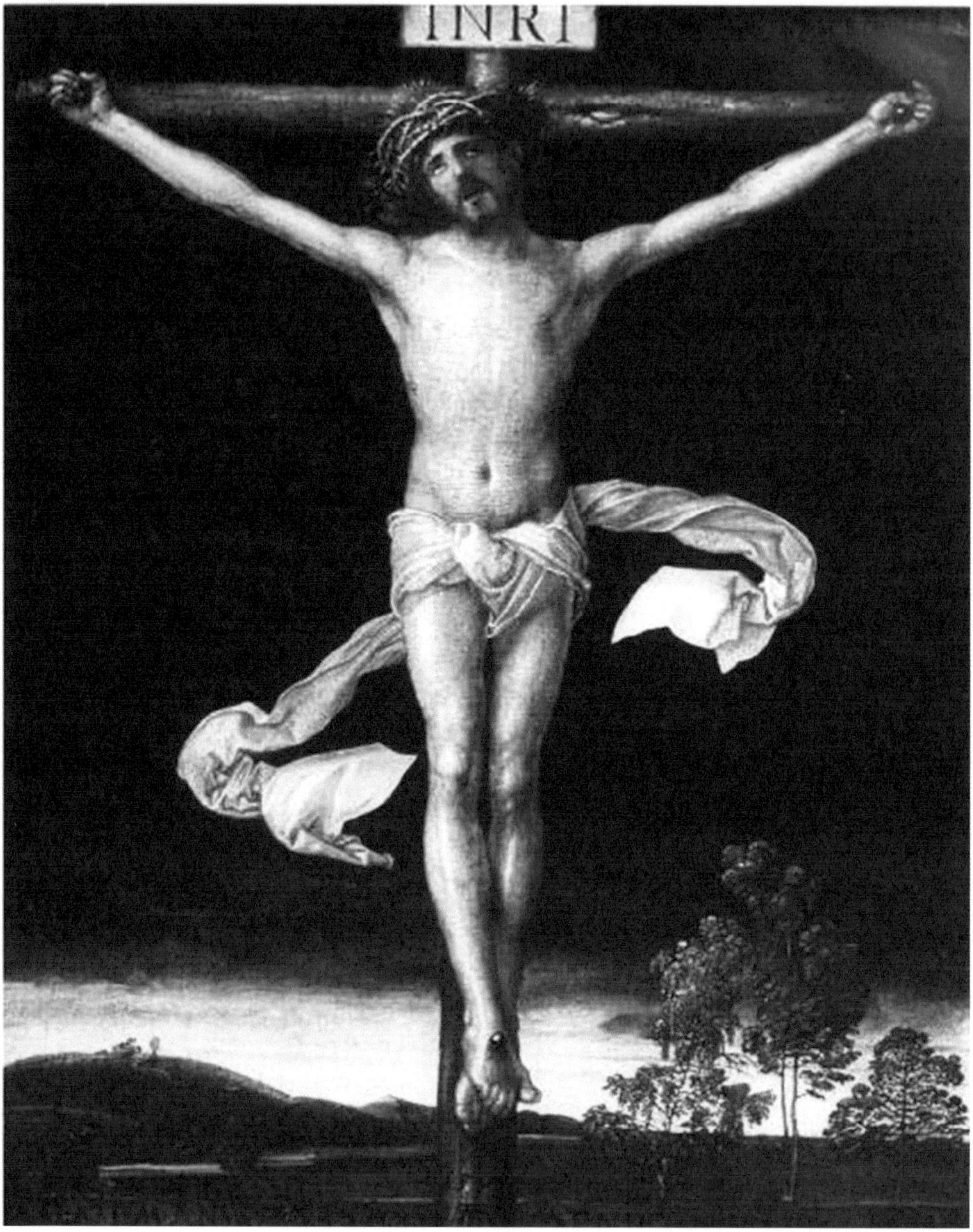
INRI

ALBRECHT DÜRER

2

(1471—1528)

Christus am Kreuz

Dieses köstliche, ganz kleine Werk aus der Zeit der ersten Meisterschaft Dürers ist auf eine Holztafel gemalt, die nur wenige Quadratzentimeter mehr hat als unsere Abbildung. Es ist mit seinem Monogramm und der Jahrzahl 1506 bezeichnet, also während seines zweiten, beinahe zweijährigen Aufenthalts in Venedig entstanden. Es wurde für die Dresdner Galerie 1865 in Wien erworben und befand sich dort früher einmal in der Sammlung S. von Festetits; es wäre hübsch, wenn man feststellen könnte, wann es Italien verlassen hat.

Niemals hat Dürer einen leidvollen Gegenstand mit so viel Schönheit umgeben, wie auf diesem mit der äußersten Feinheit ausgeführten Bildchen. Der sorgsam modellierte Körper mit dem leuchtenden Schmelz seines Farbenauftrags wird in Venedig Beifall gefunden haben, und dieser leicht beschattete, ausdrucksvolle Kopf mit dem geöffneten Munde geht zumal in diesem kleinsten Maßstabe über das Vermögen eines Italieners hinaus. Die Enden des Leinentuchs flattern im Winde vor dem dunkeln Wolkenvorhang, der sich auf die tiefblaue, einsame Flußlandschaft niedersenkt; wenn er den Lichtstreifen über dem Horizont verdeckt haben wird, der uns die zarten Frühlingsbäume noch in ihrer Tagesfarbe sehen läßt, wird es Nacht sein. Solche Bäume kommen auf frühen italienischen Bildern vor, an die uns auch der untere Abschluß dieser Tafel durch eine gerade Leiste erinnert. Zu beachten ist endlich noch der roh gelassene, naturalistisch ausgeführte Kreuzesstamm.

Wir wissen, daß Dürer sich in Venedig die Gunst des Altmeisters Giovanni Bellini gewann; dieser war ja nicht bloß Großmaler, sondern auch namentlich in seiner früheren Zeit ein feiner Miniaturist gleich dem nordischen Gast, der hier sichtlich in seinen Spuren gegangen ist. Noch deutlicher wird uns dieser Zusammenhang, wenn wir uns an einzelne kleine Bilder des in Venedig hoch gefeierten Antonello da Messina erinnern, der jetzt nicht mehr am Leben war. Ob aber gerade der junge Tizian zu Dürers Bewunderern gehörte, will uns nach dem zu seinem „Zinsgroschen" (Nr. 3) Bemerkten zweifelhaft scheinen.

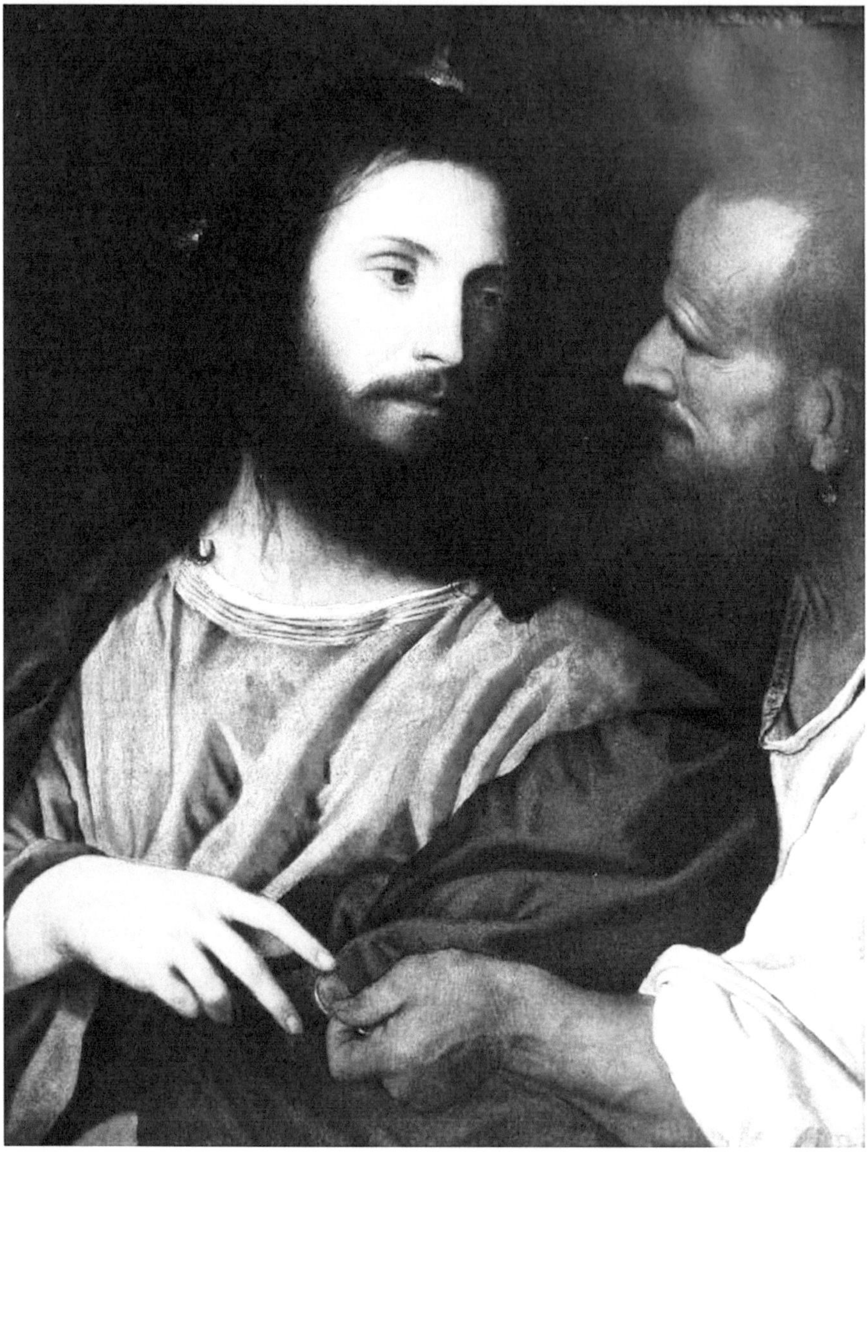

TIZIAN

(1477—1576)

Der Zinsgroschen

3

Grosse prächtige Kirchenbilder haben wir eine Menge von Tizian. Diese kleine Holztafel aber, die einst, wie Vasari erzählt, in eine Schranktür im Arbeitszimmer des Herzogs Alfons I. von Ferrara eingelassen war, zeigt uns nur zwei Halbfiguren und zwei Hände. Ein biblisches Konversationsstück also, ganz geistig ausgedrückt wie bei Lionardo da Vinci, an den auch die Farbe mit ihrem ausgesprochenen Helldunkel ein wenig erinnern kann. Sie hat durch Verputzung gelitten, ist aber noch an vielen Stellen von dem feinsten Schmelz, und die Ausführung von einer Sauberkeit und Zartheit, die man bei Tizian nicht gerade voraussetzt. Der Christus mit dem durchgeistigten, etwas leidenden oder auch ermatteten Antlitz und der durchsichtigen Haut und mit dem seidenweichen Haar ist so tief aufgefasst wie niemals bei einem Venezianer, der Gegensatz der zwei Hände nach Form und Bewegung so vollkommen, dass darauf die Sprache des ganzen Bildes wesentlich mit beruht. Und Tizian hatte hier seine Gründe, eindringlich zu reden. Der Herzog, sein ältester Gönner unter den fürstlichen Personen, für die er gemalt hat, sollte ja das feine Werk täglich vor Augen haben. Was die Geschichte vom Zinsgroschen lehrt: „Gebet dem Kaiser, was des Kaisers ist, und Gotte, was Gottes ist“, können wir noch heute in lateinischer Sprache auf den Goldmünzen, die Alfons I. schlagen ließ, lesen. Sein Leben gab ihm reichlich Gelegenheit, den Spruch zu bedenken. Gegen zwei Statthalter Gottes auf Erden, Julius II. und Clemens VII., musste er auf der Hut sein oder im Felde liegen, und zuletzt blieb ihm nur noch übrig, sich unter den starken Schutz des Kaisers Karl V. zu bergen, als dieser 1532 in Bologna Hof hielt. — Nach dem Zusammenhange bei Vasari entstand der „Zinsgroschen“ um 1516, und viel länger kannte Tizian den Herzog, soviel wir wissen, überhaupt nicht. Seinem Stil nach braucht das Bild auch nicht älter zu sein. Man hat zwar gemeint, es sei um 1508 aus einem Wettkampf mit Dürer hervorgegangen, dessen kleiner „Christus am Kreuz“ von 1506 zufällig nun ebenfalls in Dresden hängt, aber Dürers Anregung, wenn sie überhaupt hier für Tizian nötig war, konnte viel länger nachwirken, und diese Malerei ist doch auch bei aller Sorgfalt der Ausführung nach Absicht und Wirkung von der Miniatur des Nordländers recht verschieden. — Als nach dem Tode des letzten Herzogs von Ferrara (1597) der Papst das Lehen zugunsten des Stuhls einzog, wurde das Familiengut der Este nach Modena gebracht, darunter auch der „Zinsgroschen“, der dann 1745 mit den hundert besten Bildern der modenesischen Sammlung für Dresden gewonnen wurde.

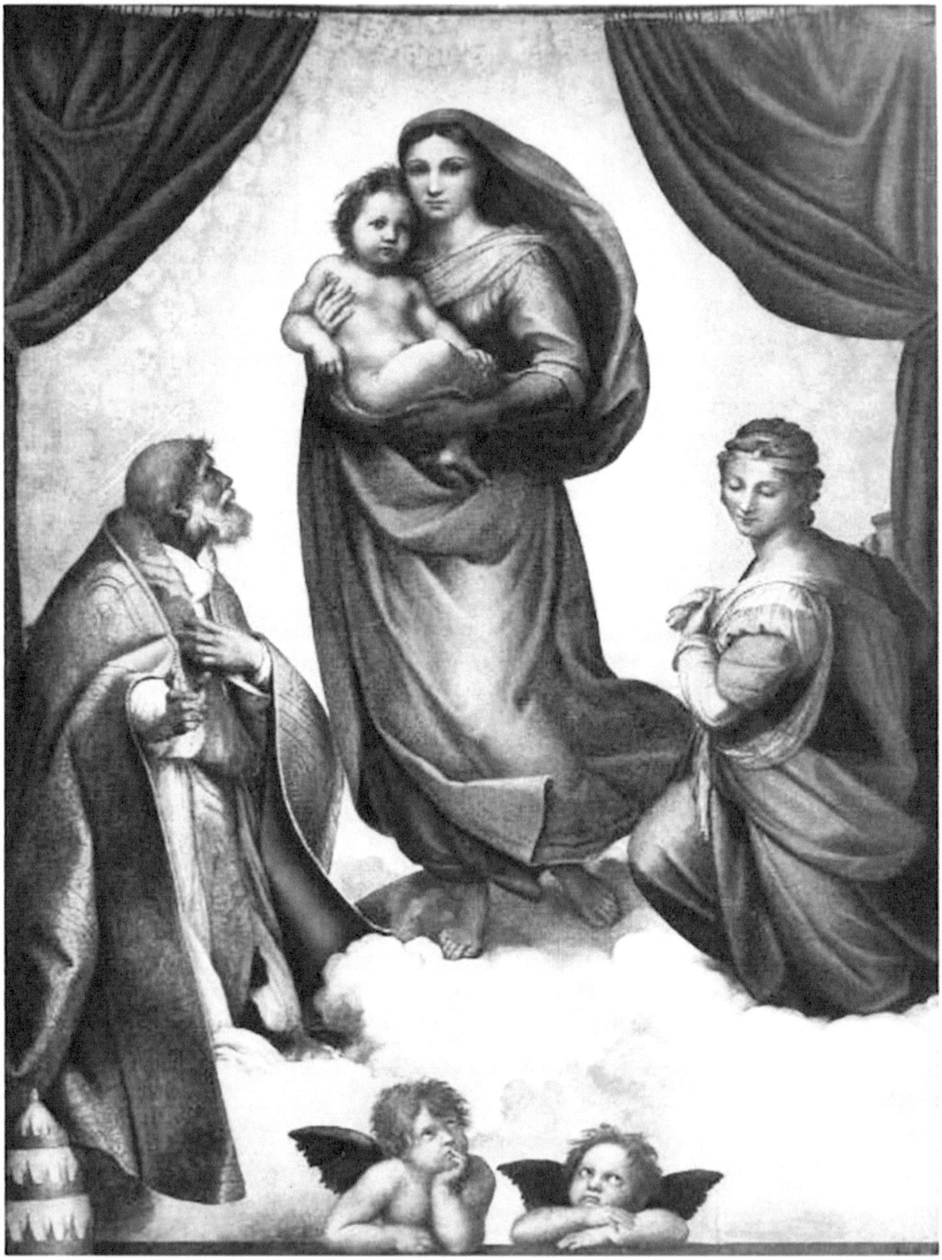

RAFFAEL

(1483—1520)

Die Sixtinische Madonna

Die Nachbildung eines Werkes, das in jedem Betrachter die stärksten Eindrücke zurücklässt, hat hohen Erwartungen zu begegnen. Die Sixtinische Madonna sollte in unserem Album nicht fehlen. Diese Reproduktion kann wenigstens einen Begriff von der Wirkung des Originals geben und möchte nicht auf eine Linie gestellt werden mit den vielen anderen farbigen Abbildungen kleinen Formats. — Nach Vasari, der das Bild kurz beschreibt, malte es Raffael für den Hauptaltar der Benediktinerkirche S. Sisto in Piacenza, deren Titelheiliger, der Märtyrerpapst Sixtus II., deswegen darauf anzubringen war. Er empfiehlt an Stelle eines Stifters der Muttergottes die unten ausserhalb des Bildes zu denkende Gemeinde, auf die ihm gegenüber die heilige Barbara freundlich lächelnd (ihr Gesicht ist nicht gut erhalten) niedersieht. Von demselben Altar nahm das Bild erst 1753 der bolognesische Maler Giovanni, durch dessen Vermittelung es dann für 20000 Dukaten an August III. verkauft wurde. Es hat den grossen Stil der Raffaelschen Tapeten und ist bald nach 1515 auf Leinwandgrund, den der Künstler um diese Zeit anstatt der sonst üblichen Holztafel mehrfach benutzt hat, in allen wesentlichen Dingen von ihm eigenhändig gemalt, unter den Altartafeln grösseren Umfanges, die wir von ihm besitzen, die vollkommenste. Vasari gibt keine Datierung. Weiter gegen Ende seines Lebens hätte Raffael einem einzelnen Bilde nicht mehr diese Sorgfalt widmen können. Alles in dieser Überlieferung fügt sich so wohl ineinander, dass wir uns mit den Zweifeln der Überklugen, die es ja immer geben muss, nicht weiter aufzuhalten brauchen. — Die Madonna schwebt nicht eigentlich, sie schreitet vielmehr und kommt, wie man an den Bewegungen der Gewänder sehen kann, aus der Tiefe des Raumes von rechts nach links und, so müssen wir denken, in dem Augenblick gegangen, wo eben erst der Vorhang seitwärts zurückgezogen worden ist. Sie hat im Gesicht einige Ähnlichkeit mit der *Donna Velata* des Palazzo Pitti, deren Züge Raffael auch der Magdalena seiner Vision der heiligen Cäcilia in Bologna gab, und ausserdem noch besonders weitgestellte Augen. So auch das Kind, das dadurch, ohne die segnende Gebärde und sogar mit einer weltlich lässigen Haltung, etwas Hohes und Überirdisches bekommen hat. Nach unten ist die himmlische Vision durch eine Brüstung abgeschlossen. Gespannt geben die zwei Engelknaben auf alles acht, was sich da oben zuträgt, im Gegensatz zu dem Pathos der Hauptfiguren ein liebliches kleines Genrebild für sich und zugleich ein feines Mittel der Kunst, den Blick des Betrachtenden aufwärts zu lenken. Im Bewundern des Malerischen findet die Betrachtung kein Ende. Der Vortrag ist kräftig, wo es passt, in den Gewändern und in den Bewegungen der Gliedmassen, z. B. den Händen des Papstes, dann aber wieder leicht und dünn und zart, wo das Durchgeistigte der Erscheinung technisch auszudrücken war. Das Höchste hierin von Vollendung und ein wahres Wunder von Kunst ist die duftige Glorie der über die Wolken hingehauchten Engelköpfe.

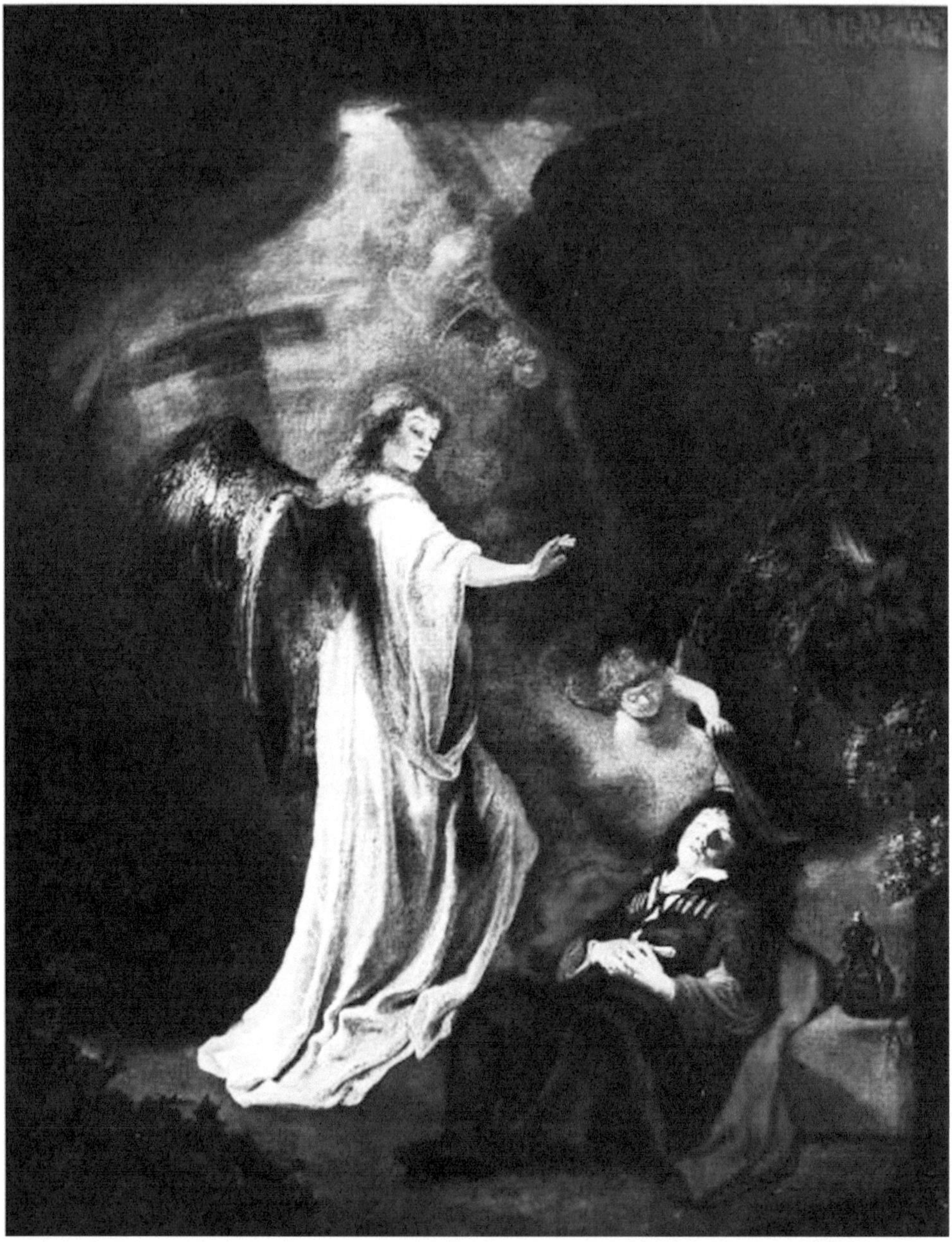

FERDINAND BOL

(1616—1680)

Jakobs Traum

Zu den frühesten Schülern Rembrandts in Amsterdam gehören Govert Flinck und Ferdinand Bol, die viel zusammen genannt werden und auch wohl einige Ähnlichkeit haben. Beide malen Porträts und Geschichtsbilder. Flinck ist etwas kräftiger und auch prunkvoller, und er hatte trotz seinem kürzeren Leben ausserlich von beiden den grösseren Erfolg. Bol ist aber vielseitiger und tiefer, er hat etwas von dem Poetischen Rembrandts, das Sinnende und Träumerische und den weichen Duft der Farben. — Die Dresdner Galerie besitzt von Bol zwei hervorragende biblische Geschichten. Die eine sehr gross und im Breitformat, eine „Ruhe auf der Flucht" von 1644, für ihn also sehr früh, ist köstlich breit gemalt in bräunlicher Tönung, die Figuren nachdenklich ernst, die Landschaft duftig verschwimmend, das Ganze wie aus Rembrandts Seele geschaffen. Die andre hier, ein etwas kleineres Hochbild ohne Datierung mit „Jakobs Traum", ist ganz farbig und im schönsten Goldton gehalten. Jakob ist eingeschlafen und spielt träumend mit den Händen, Engelköpfchen lassen sich aus dem belichteten Gewölke zu ihm hernieder. Eines hebt leise den Rand seines Strohhutes, so dass das Himmelslicht voll auf sein Gesicht fällt. Die grösste Helligkeit aber hat der weissgekleidete Engel, ganz von Rembrandts Art. der mit der erhobenen Rechten den Schlafenden segnet. — Solche Darstellungen aus Rembrandts Kreise bedeuten für das protestantische Holland, was Raffaels Madonnen für die Italiener und Dürers Holzschnitte und Kupferstiche für das deutsche Volk des sechzehnten Jahrhunderts gewesen sind.

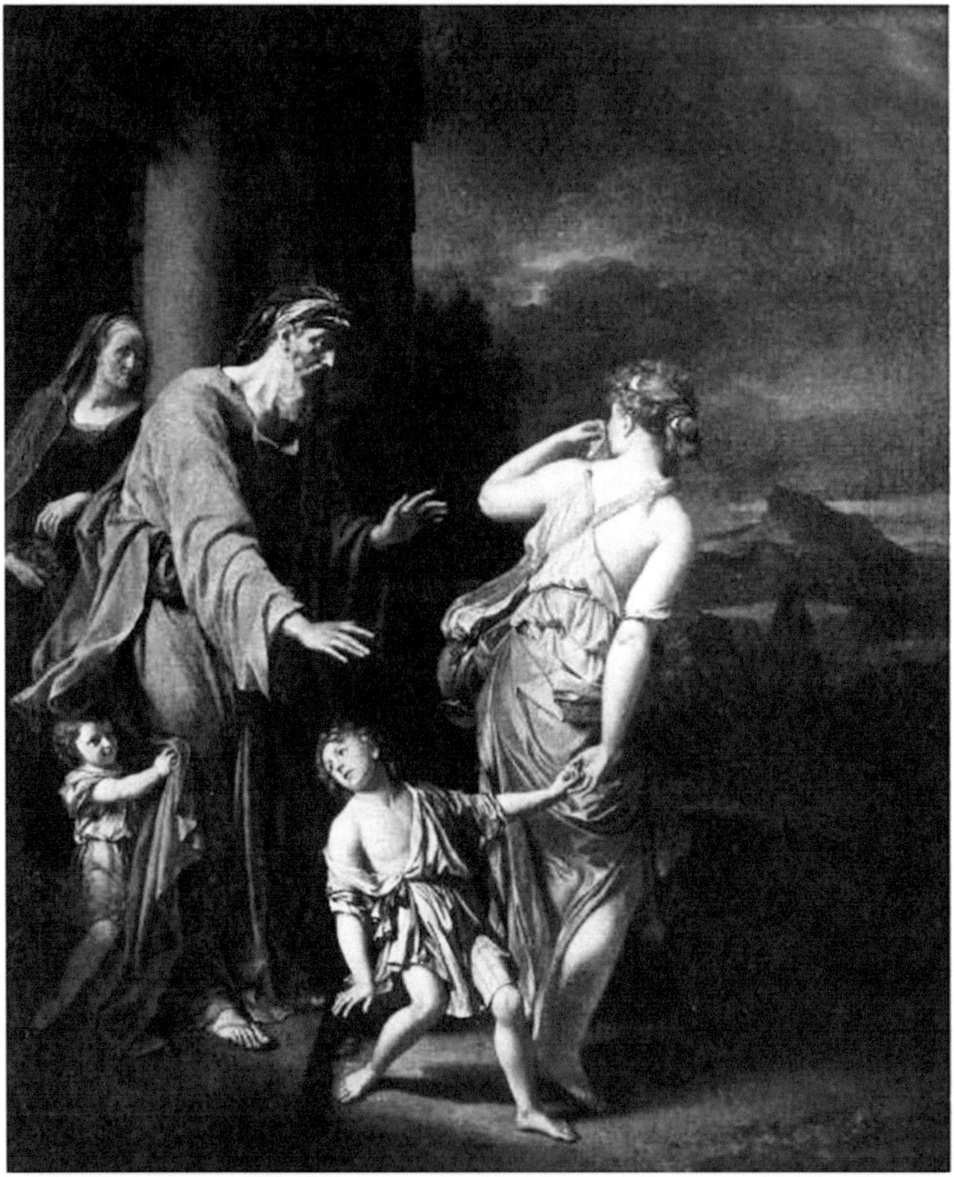

ADRIEAN VAN DER WERFF 6

(1659—1722)

Verstoßung der Hagar

Den Ritter Adriaen van der Werff aus Rotterdam kann man den letzten Maler des alten Hollands nennen. Holländisch ist allerdings an ihm so gut wie nichts mehr, und seine Bilder könnten auch überall sonst gemalt sein, denn er folgt ganz dem französischen Geschmack, der nun auch in Holland galt. Das heimatliche Sittenbild und die ungeschminkte Naturansicht erschienen der feiner gewordenen Gesellschaft als etwas Niedriges: wozu das noch malen, was man täglich um sich hatte, was mit seinen Unvollkommenheiten mehr Verdruß erregte als Gefallen! Das klassische Altertum hatte ja längst eine Schönheit gefunden, erfreulich und erhebend und außerdem noch interessant, denn was ließ sich alles lernen aus einer mythologischen Szene oder einer antiken Historie, und wie wenig dagegen aus Bauernbildern und Viehweiden? Jetzt konnte man die klassische Kunst einfach aus Frankreich beziehen, und es empfahl sie, daß sie einen deutlichen Strich zwischen Hoch und Niedrig machte, daß sie nur für die Vornehmen war, während von der nationalen holländischen Malerei alle etwas gehabt hatten. Mit den Gegenständen ändert sich auch der Ausdruck. Das Charakteristische ist nicht mehr erwünscht, alles soll einen großen Zug haben und ins Allgemeine gehen. Das fordert dann auch größere Flächen. Das Kabinettbild, das Schlußergebnis der holländischen Malerei, das die Leydener Feinmaler sogar noch in das Extrem übertrieben hatten, genügte nicht mehr. Die neue mythologisch-historische Malerei greift auf Decken und Wände über und wird dekorativ. Van der Werff verstand sich auf beide Maßstäbe. Als Schüler des Eglon van der Neer war er von Haus aus Feinmaler. Angeregt durch die Italiener und den Lütticher Gerard Lairesse, warf er sich aber auch auf die Plafondmalerei, und diese Schulung merkt man seinen höchst flüssig komponierten Staffeleibildern an. Sie sind eine Art Dekorationsmalerei in Kabinettformat. Inhaltlich freilich oder gar geistig sagen sie nicht viel, und den bewegenden Ernst eines mit Empfindung aufgefaßten Vorganges dürfen wir nicht erwarten.

Die in die Wüste getriebene Hagar ist eine akademisch ganz auf den Anblick ihrer schönen Formen gestellte, statuengleiche Figur. Mit zierlicher Trauergebärde führt der volle Arm einen Hemdenzipfel an das verlorene Profil ihres antik frisierten Kopfes. Sie könnte ebensogut eine Juno oder Diana vorstellen. Abraham steht würdig da, aber mehr theatralisch als von innen bewegt. Die anderen Figuren sind Füllstücke. Dazu eine Säulenhalle der Barockzeit und die dekorativ gehaltene Landschaft. Die Zeichnung wenigstens der beiden Hauptfiguren ist sicher und flott, die Farbe mit ihrem kunstvoll geführten Helldunkel von dem porzellanartigen Schmelz, aber auch von der naturwidrigen, stofflosen Glätte und Gleichgültigkeit, die man einst als den höchsten Vorzug dieses weitbegehrten Künstlers ansah. Denn Adriaen van der Werff wurde bald ein reicher Mann. Keinem holländischen Maler ist das Leben so leicht geworden.

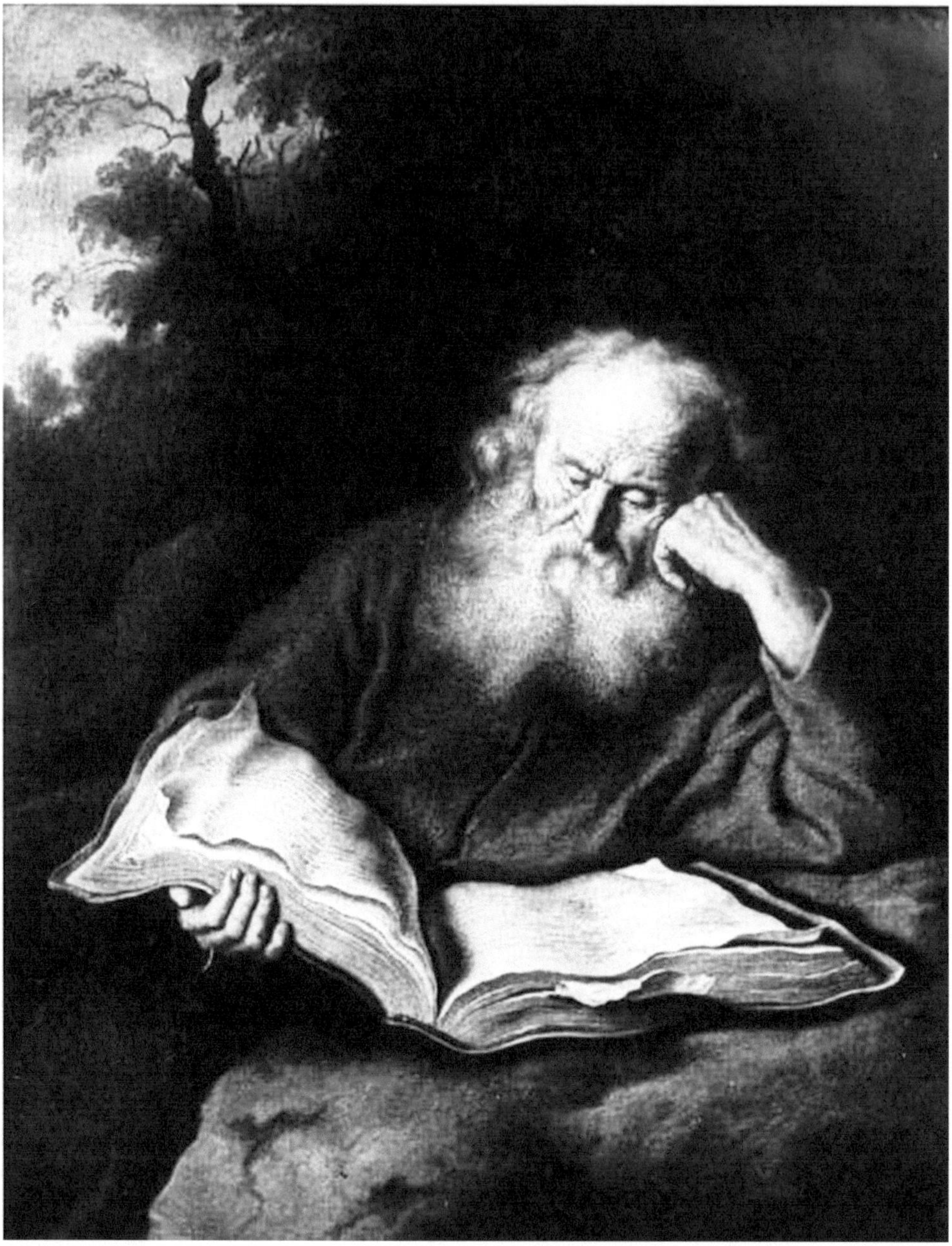

SALOMON KONINCK

(1609—1656)

Der Eremit

Dieser vor dem braunen Waldgebüsch sitzende graubraune, lebensgrosse Einsiedler gehört zu den Lieblingen des die Galerie besuchenden Publikums. Es bewundert Haar und Bart und die Falten des durchfurchten Gesichts und die Adern auf der stützenden Hand, und vollends nun dieses täuschend natürliche Buch, abgenutzt vom vielen Lesen, mit seinen schlaffgewordenen Einbanddecken und den engbeschriebenen Blattseiten. Was der berühmte Feinmaler Gerard Dou, der älteste Schüler Rembrandts, auf ganz kleinen Bildern zu geben pflegte, das hat hier einer in das grösste Format gebracht, der ebenfalls unter Rembrandts Einfluss steht, wie uns der angenehme warmbraune Ton sagt und das Helldunkel. Aber auch schon der Gegenstand, denn solche lesende, betende oder meditierende Eremiten finden sich gerade bei Rembrandt und seinen Schülern häufig. Bald kommen sie als Halbfiguren oder Kniestücke vor, wie hier, bald in ganzer Figur und dann sind sie vielfach als Staffage in einen interessant beleuchteten Innenraum gesetzt. Ob wohl schon vielen, die vor diesem Bilde gestanden haben, eingefallen ist, wie denn eigentlich dieser steinalte Mann in so lässiger Haltung die so weit von seinen Augen entfernte kleine Schrift lesen könne? Wirkliche Beobachter der Natur achten auch auf so etwas, sie lassen die Lesenden sich bücken und setzen ihnen Brillen auf, von Quinten Massys und Dürer an bis auf Gerard Dou; Scheinrealisten malen nur Haarlocken und Gesichtsfalten. Salomon Koninck aus Amsterdam ist bloss ein äusserlicher Nachahmer Rembrandts, ohne Geist und Nachdenken. Seine ganze Bedeutung liegt in seiner technischen Fertigkeit, der feinen Farbe und der noch feineren Zeichnung. Sein zehn Jahre jüngerer Vetter Philips de Koninck, der Landschafter, ist ein sehr viel tüchtigerer Schüler Rembrandts mit einer selbständigen Richtung. Von Salomon braucht man nichts weiter gesehen zu haben als dies eine Dresdener Bild von 1643; es bezeichnet die Höhe seiner Leistungsfähigkeit.

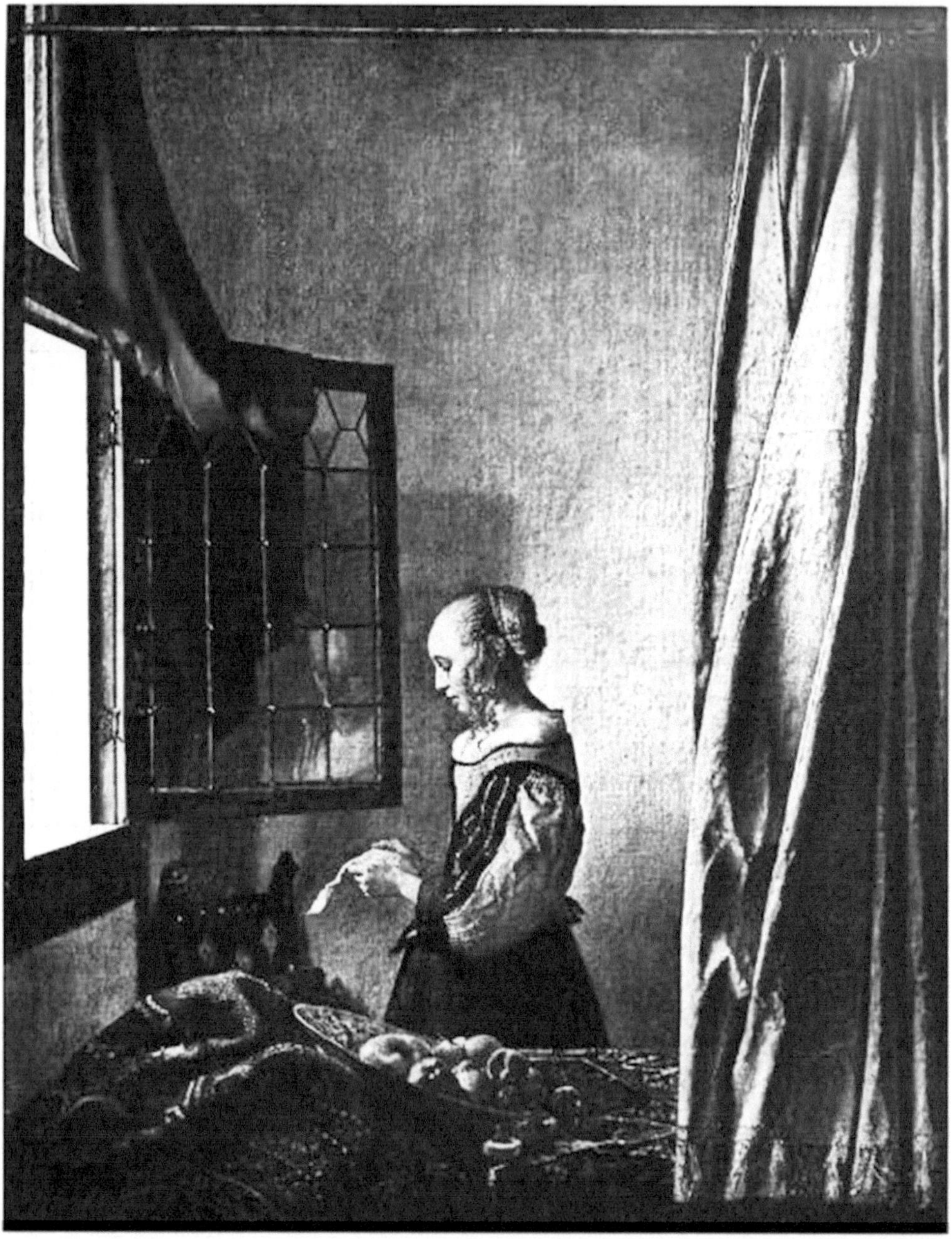

JAN VAN DER MEER VAN DELFT

(1632—1675)

Die lesende Frau

Eine Frau oder besser ein junges Mädchen steht am offenen Fenster in ihrem Zimmer und liest einen Brief. Sie ist weder hübsch noch interessant, und für das Ganze sind die Wirkung des Sonnenlichts, das auf dem hellgrünen Vorhang spielt, die hohe, halbbelichtete Wand und der Teller mit Früchten, der schräg auf dem farbigen Tischteppich mehr hängt als steht, ohne Frage wichtiger als die eine bescheidene und sogar unbedeutende Gestalt. Aber gerade darin, dass dieses alltägliche Geschöpf so wenig hervortritt, dass es so gar nicht stört, besteht sein Verdienst. Es ist richtig gezeichnet, denn der Delfter van der Meer zeichnet seine Figuren immer gut, besser z. B. als gewöhnlich Pieter de Hooch, der ihm übrigens nahe kommt und oft mit ihm verwechselt worden ist, — und es hat gerade noch soviel persönlichen Inhalt, dass wir uns darum kümmern. Es hat also für diesen menschlichen Wohnraum mit seiner Morgensonne, seiner luftigen Frische und dem farbigen Lichtspiel, etwa die Bedeutung, wie wenn wir in einem einsamen Park eine Bank gemalt finden, bei der wir an Menschen denken müssen, so dass uns nun die unbelebte Natur vertraulich wird. So sollen wir auch dieses Zimmer lieb gewinnen, uns in die Lage und Stimmung dessen denken, der es bewohnt, und unser Auge sich freuen lassen an dieser gewählten Farbenzusammenstellung von hauptsächlich Grün und Gelb zu einer vorwiegend kühlen Harmonie. Der geistreiche Künstler dieses schlichten Bildes, das er in der reifsten Zeit seines kurzen Lebens gemalt hat, war ein Schüler des beinahe verschollenen Karel Fabritius und hat seine Vaterstadt Delft vielleicht niemals verlassen. Seine Genossen schätzten ihn, aber das übrige Publikum verstand ihn nicht, und bald kam eine Zeit, wo man ihn ganz vergass. Heute steht er mit Recht in dem höchsten Ansehen, ein Impressionist wie wenige. Seine Bilder sind nicht häufig, dies ist eins der schönsten.

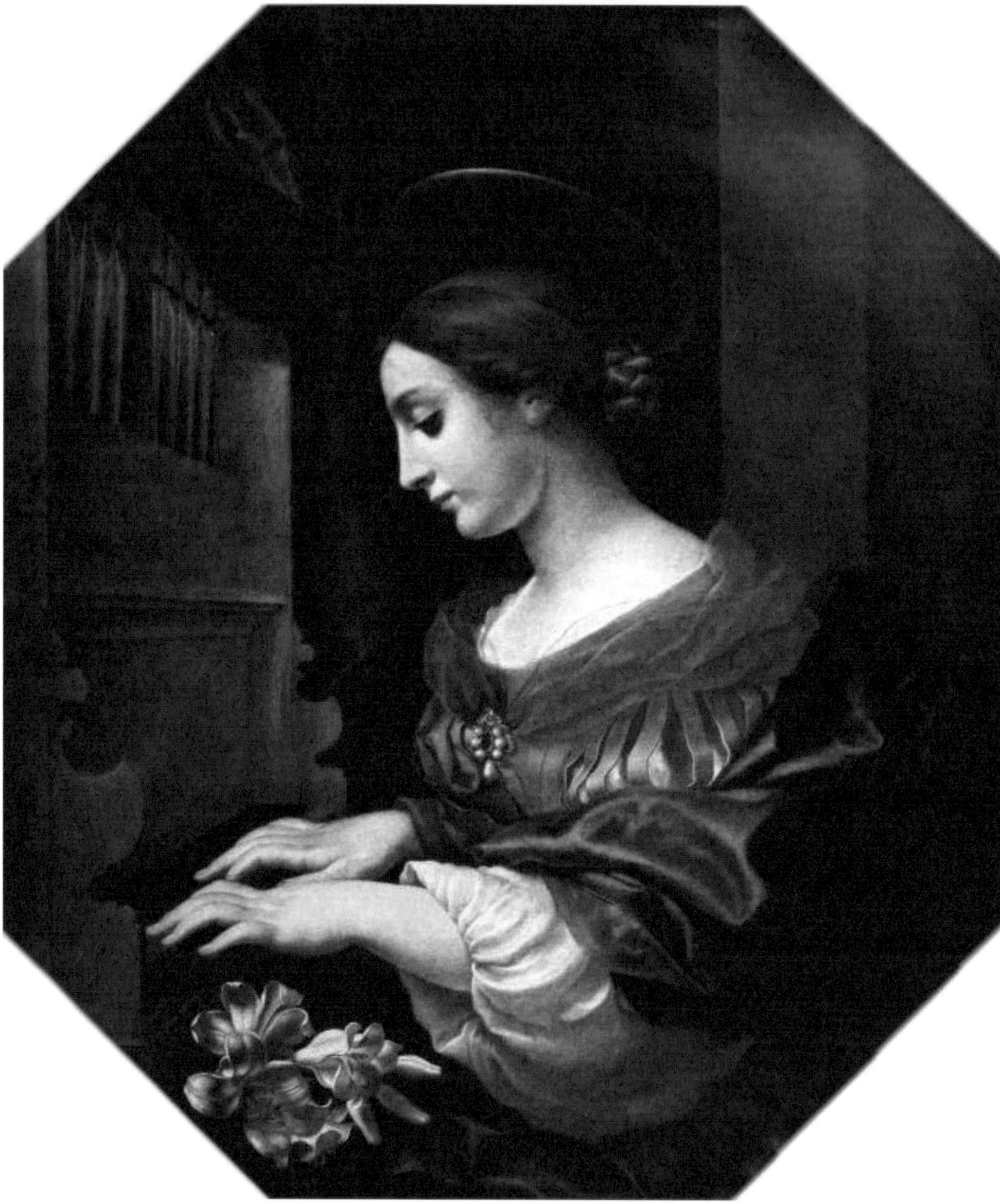

CARLO DOLCI

(1616—1686)

Die heilige Cäcilie

Dieser weiche, etwas süßliche Florentiner ist ein Spätling, der kaum noch etwas von den für die Kunst eines bestimmten Ortes charakteristischen Eigentümlichkeiten erkennen läßt; er hätte ebensogut in Rom oder in Mailand malen können. Raffaels Grazie, Lionardos Liebreiz, Correggios Helldunkel, alles das hatten die Nachzügler in berühmten und verbreiteten Werken vor Augen, und jeder nahm sich eklektisch, was ihm zusagte. Carlo Dolci ist ein kleines Talent, ohne Erfindung und in seiner Stoffwahl auf einen engen Kreis beschränkt. Die schöne Heilige, die als solche nur an ihrem Nimbus erkennbar ist, sitzt an ihrer Orgel wie eine Weltdame, höchstens sehen wir an dem stark idealisierten Kopf mit den allgemein gehaltenen Gesichtszügen, daß wir nicht ein bestimmtes Porträt vor uns haben. Aus dem kirchlichen Andachtbilde ist ein Genrebild für das Haus geworden, dem die legendarische Einkleidung außer einer angemessenen Stilhöhe noch etwas von dem Reize eines Rätselspiels gibt. Also ein für ein Musikzimmer passendes Dekorationsstück, das einstmals ein Großherzog von Toskana bestellte, um es dem Schatzmeister des Königs von Polen zu schenken. Ohne einen tieferen geistigen Inhalt gewährt uns das Bild doch durch die korrekte Zeichnung, die äußerst feine gegenständliche Haltung und den köstlichen Farbenschmelz einen hohen künstlerischen Genuß, und den Künstler zeigt es auf der höchsten Stufe, die ihm erreichbar war.

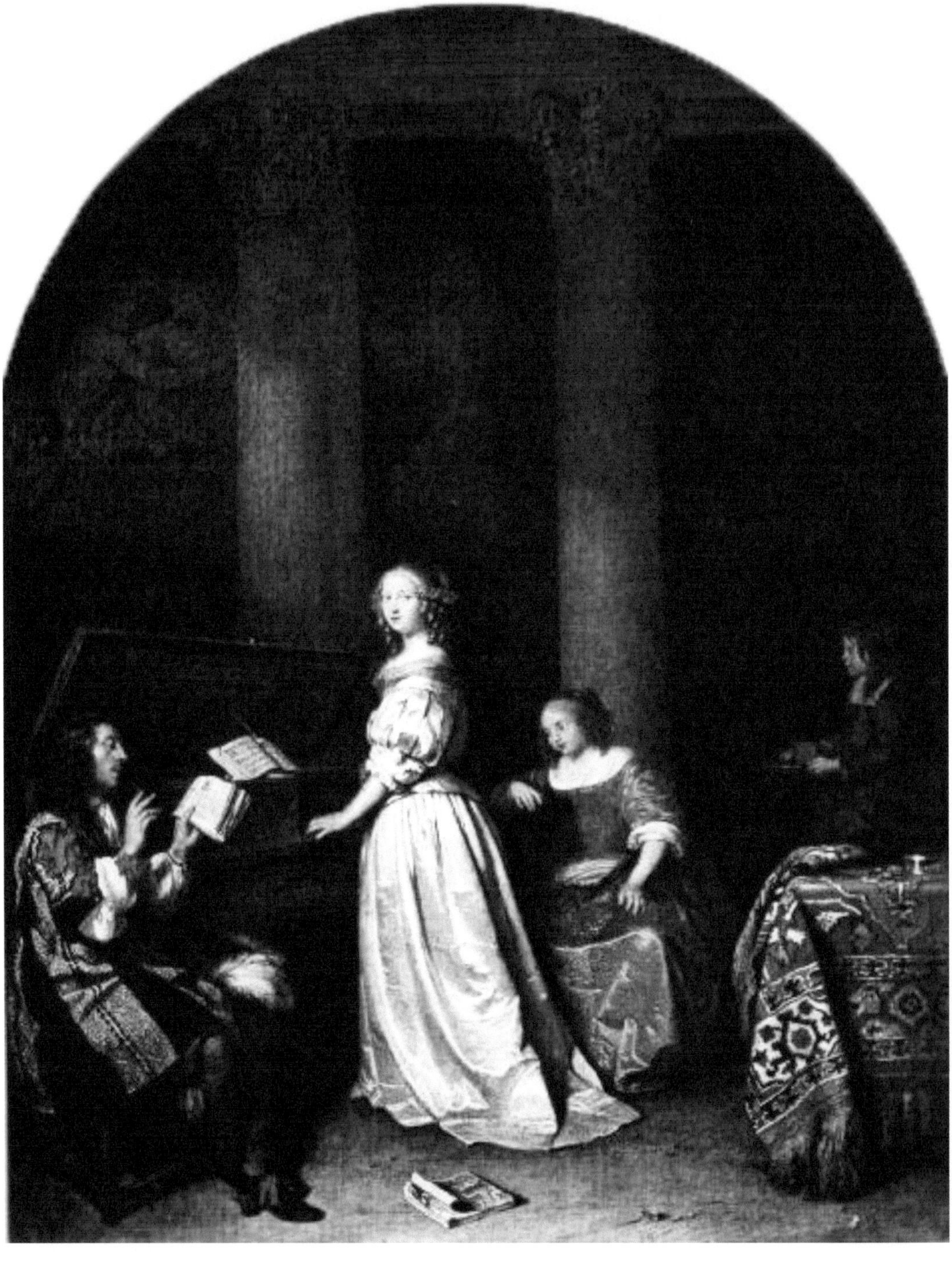

KASPAR NETSCHER

(1639 — 1684)

Gesang mit Klavierbegleitung

Zu den am meisten bekannten Meistern der holländischen Blütezeit, die das Sittenbild mit kleinen Figuren gepflegt haben, Jan Steen, Gerard Dou, Frans Mieris und Gabriel Metsu, gesellt sich noch in Kaspar Netscher ein feiner Künstler, der kein geborener Holländer ist. Früh nach Frankreich verschlagen, ist er beinahe zum Franzosen geworden. Jene anderen gehören der Leydener Schule an und sind zunächst Feinmaler. Netscher war jung aus seiner Geburtsstadt Heidelberg nach Holland eingewandert und hatte bei dem berühmten Terborch in Deventer porträtieren und seidene Kleider malen gelernt und auch wohl etwas von dem breiteren Strich angenommen, was ihn nun von den Künstlern jener Gruppe unterscheidet. Seit 1662 lebte er im Haag als gesuchter Bildnis- und Genremaler, und dort ist er auch als reicher Mann gestorben. Seine Bilder wurden hoch bezahlt und gingen früh in das Ausland. In den Gegenständen und auch in der Auffassung nähert er sich manchmal dem Frans Mieris, so dass man sie auf den ersten Blick miteinander verwechseln könnte. Aber Netscher ist anspruchsvoller, reicher in der Ausstattung seiner Räume mit kostbarer Einrichtung, Teppichen und Vorhängen, und auch glänzender in der farbigen Erscheinung. Dafür sind dann seine Menschen bei aller Pracht ihrer Kleiderstoffe wohl noch etwas oberflächlicher im Körperlichen, und in den Köpfen beinahe ganz leer. Von der Landesart ist in seinen Genrebildern nicht mehr viel zu bemerken. Das Publikum, für das er im Haag malte, war ja international. Sein Gesellschaftsbild aus dem Leben der höheren Stände mit den von Terborch und Netscher her bekannten Vorwürfen: Konversation, Toilette, Briefschreiben, Besuch des Arztes und namentlich auch Musik lernen wir am vollständigsten in Dresden kennen. Etwas glänzenderes als diese 1666 datierte musikalische Unterhaltung hat Netscher nicht gemalt. Der hohe Säulensaal geht beinahe über holländische Verhältnisse hinaus. Das Bild wurde 1754 in Paris erworben.

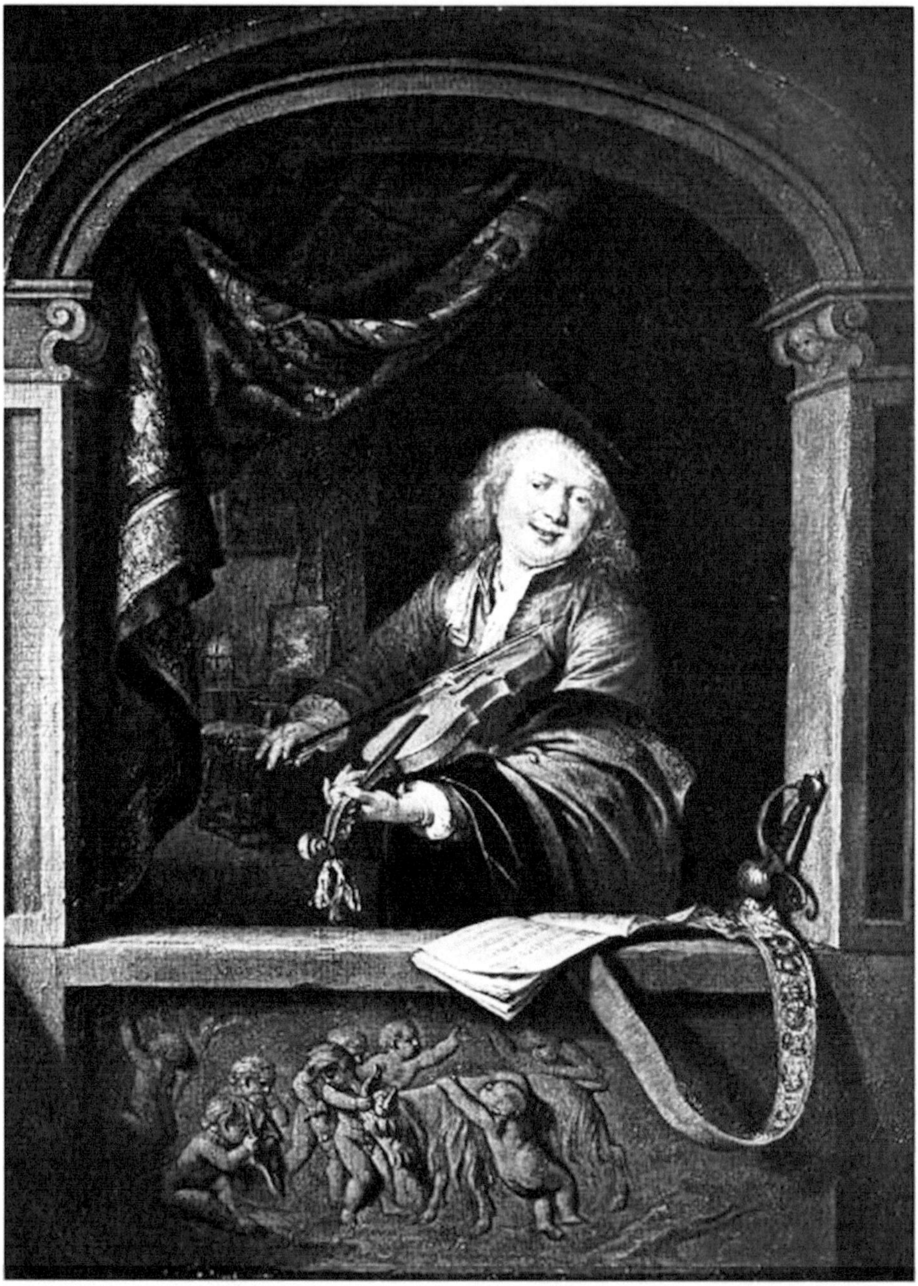

ERARD DOU

11

(1613—1675)

Der Geiger

Gerard Dou war noch einige Jahre älter als Ferdinand Bol, und er war auch schon früher in Rembrandts Schule gewesen, als dieser noch in Leyden, der Geburtsstadt beider, lebte. Als Rembrandt aber dann 1631 nach Amsterdam zog, ging Dou nicht mit, sondern blieb in seiner Vaterstadt und entwickelte hier aus Anfängen, die sich noch deutlich an seinen Meister anschliessen, eine eigentümliche Kunst, in der, abgesehen von einigen Äusserlichkeiten, höchstens die Vorliebe für die Wirkung des geschlossenen Lichts in Innenräumen an Rembrandt erinnert. Sonst ist er so ziemlich das Gegenteil von diesem. Er hat keinen Sinn für den Ausdruck des menschlichen Charakters und ist ein mittelmässiger Porträtist. Die Gesichter auf seinen Bildern sagen bei dem engen Kreise von Angehörigen und Bekannten, aus dem er seine Modelle nimmt, ausserordentlich wenig, und die Personen sind eigentlich nur die wichtigsten Gegenstände in einem sorgfältig ausgeführten Stilleben von Sachen. Das Interesse für die Landschaft fehlt ihm ganz, und wenn er Bäume gibt, so werden sie schlecht, aber gewöhnlich malt er nur Bilder mit Innenräumen. Sie haben in der Regel wenig Figuren, denn in der Verteilung einer grösseren Anzahl zeigt sich Dou als ein ungeschickter Komponist, und niemals haben sie einen tieferen geistigen Inhalt. Rembrandt bringt uns Bildnisse über Bildnisse, dazu biblische Geschichte, aus der auch immer wieder das Bildnis lebensvoll hervortritt, höchst selten aber und eigentlich nur nebenher in seinen Radierungen eine Darstellung täglicher Vorgänge und Sitten. Dieses „Genrebild" mit Menschen, die bloss ihre Gattung vertreten und auch nur ganz alltägliche Dinge vornehmen, die viel weniger handeln als existieren und sich sehen lassen, wird nun gerade Dous Gebiet. Es könnte geistvoll behandelt werden, wenn er diese Gabe hätte, aber menschlich angesehen ist dieser feine Künstler doch kaum mehr als ein Philister, der vortrefflich zeichnen und mit Farben umgehen gelernt hat. Die Kostümstücke seiner Werkstatt sind ihm beinahe wichtiger als die Menschen, und diese Teller, Kannen, Büchsen und Violinen, die Bücher, Pergamente, Diplome mit seidenen Bändern und Siegeln sind freilich wunderbar ausgeführt, wogegen es an seinen Personen wenig ausmacht, ob sie eine Visite, eine Schule, einen Kaufladen oder auch gar nichts vorstellen. Rembrandt kann mit dem kleinsten Format, das er gern anwendet, gross wirken und er führt als Maler überhaupt die Einzelheiten nicht nachdrücklich aus. Dous Kunst, die grösseren Bildern nicht gewachsen ist, gewinnt mit der Verkleinerung der Masse, und wenn er dann zu ganz kleinen Tafeln greift und mikroskopisch arbeitet, so will er uns doch damit sagen, dass in der Malerei das Schwierigste auch das Wertvollste sei, und seine Zeitgenossen und die folgenden Geschlechter waren zum Teil derselben Meinung. Er wurde ein berühmter Mann, das Haupt der Leydener „Kleinmaler" mit einer langen Gefolgschaft, aus der die drei Mieris am bekanntesten geworden sind. Er konnte die höchsten Preise machen, und noch im achtzehnten Jahrhundert wanderten seine kleinen Bilder, die sich heute in den öffentlichen Galerien finden, in das Ausland, denn sie galten zu einer Zeit, als man den weitaus grössten Teil der holländischen Malerei für etwas derbes und rohes ansah, für vorzugsweise schicklich und wohlanständig. Heute bewundern wir seine sichere Zeichnung, sein tüchtiges Malwerk und das oftmals zarte Helldunkel, finden aber hinter diesen technischen Eigenschaften kaum noch etwas, was uns festhält: keinen Erzählungsinhalt wie bei Jan Steen, dem zweiten berühmten Leydener Sittenbildmaler von Ruf, nichts von Gemütswärme wie bei Nikolaas Maes, einem jüngeren Schüler Rembrandts aus dessen Amsterdamer Zeit, der namentlich in ungemein anziehender Weise einzelne sittenbildlich aufgefasste alte Frauen und Mädchen gemalt hat. — Eine solche genrehafte Einzelfigur ist auch der hier mitgeteilte Violinspieler Dous aus der Dresdner Galerie vom Jahre 1665, eine ebenso datierte Wiederholung findet sich in der Eremitage. Das vortreffliche Bild aus des Künstlers letzter Zeit stellt nicht, wie man früher meinte, ihn selbst dar, schon darum nicht, weil dieser Spieler nicht 52 Jahre alt sein kann. Die hier angewandte Form der Einrahmung in ein Fenster oder eine Nische geht auf Rembrandt und die Schüler von Frans Hals, z. B. Adriaen van Ostade, zurück. Dou bedient sich ihrer besonders gern, er liebt es dann, den Hintergrund aufzuklären und im Rücken der Hauptperson kleinere Nebenfiguren oder auch nur wie hier eine Möbelausstattung zu zeigen. Dieses Intime des Raumes und die vollendete Stoffmalerei sind die Dinge, auf die es ihm ankam; der Mann selbst hat geistig nichts zu bedeuten. Während auf Dous früheren Nischenbildern die Umrahmung sehr einfach gehalten zu sein pflegt, sehen wir hier in die Fensterbrüstung ein Relief eingelassen, Kinder, die mit einer Ziege spielen, vielleicht von Fiammingo. Es befand sich in Dous Besitz, und er hat es sehr häufig in dieser Weise verwendet, selten ein anderes. Das Bild wurde 1749 in Paris erworben.

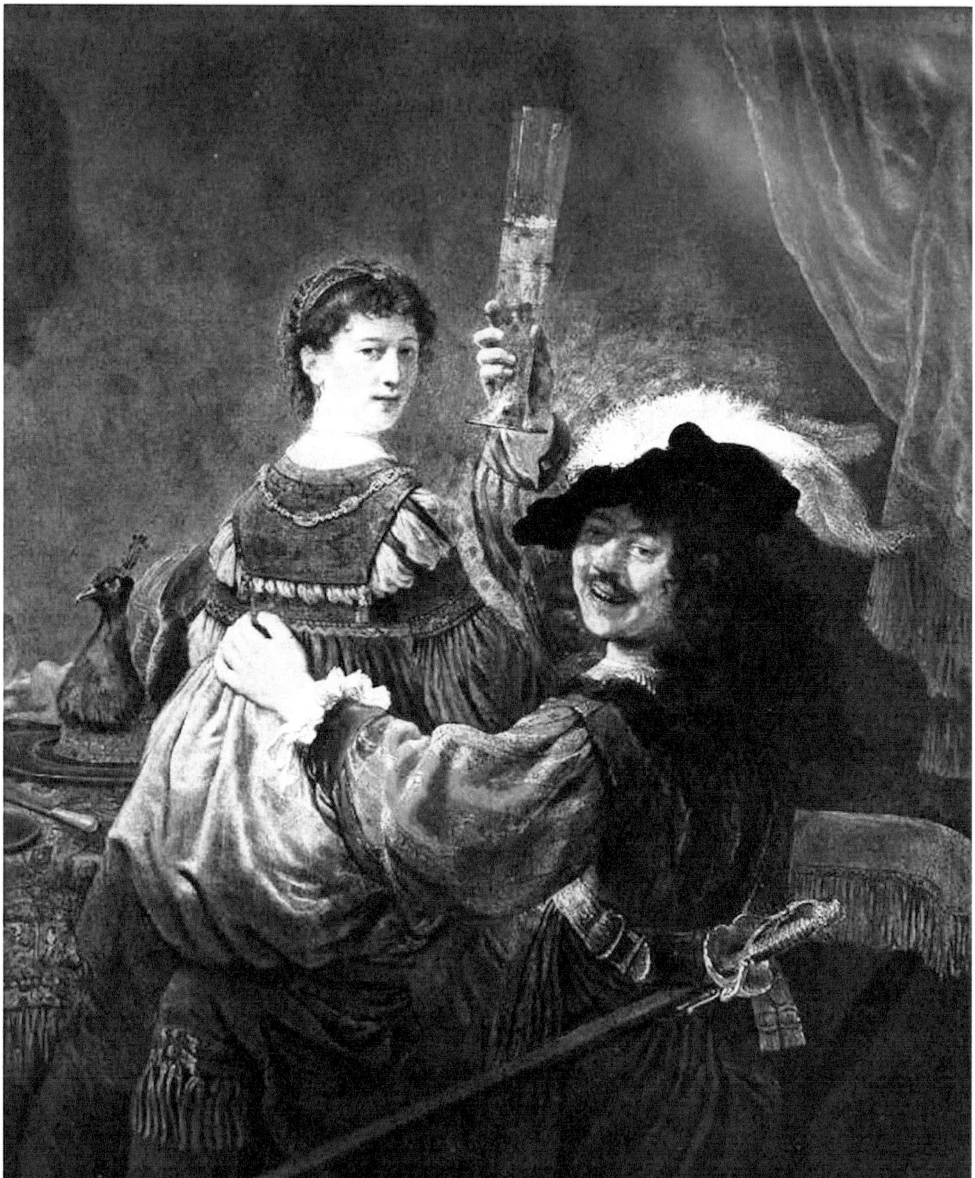

REMBRANDT VAN RIJN

(1606—1669)

Selbstbildnis mit seiner Frau Saskia

Oft hat Rembrandt sich und seine Saskia dargestellt, einigemale auch in Doppelbildnissen, von denen dieses das schönste ist. Er hat sich als Offizier kostümiert, wie er es liebte, mit Degen und Federhut; lachend hebt er sein Stengelglas in die Höhe. Sie sitzt auf seinem Schosse (manche meinen, so gehe das gar nicht, weil ihr Oberkörper zu lang geworden ist) in reicher Kleidung, rot und hellblau, dazwischen steht vielerlei Gelb und Braun. Auf dem Frühstückstisch prangt eine Pfauenpastete. Saskia war nicht hübsch, und ihr Blick ist beinahe apathisch. Ihres Gatten lustiger Ausdruck dagegen hat etwas Gezwungenes, denn Rembrandt war ja in Wirklichkeit kein lustiger Mann. Er wird uns in ernsten Gegenständen immer besser gefallen, und Ernst und Schwermut überwiegen ja auch in seinem künstlerischen Werk. Je weiter ihn das Leben führt, desto mehr ziehen sich die Lokalfarben in das Dunkel der braunen und schwärzlichen Töne zurück. Diese etwas ausgelassene Festtagsmaskerade, farbig und goldglänzend, stammt noch aus der ersten Zeit seiner Ehe, als er jung und glücklich war, um 1637.

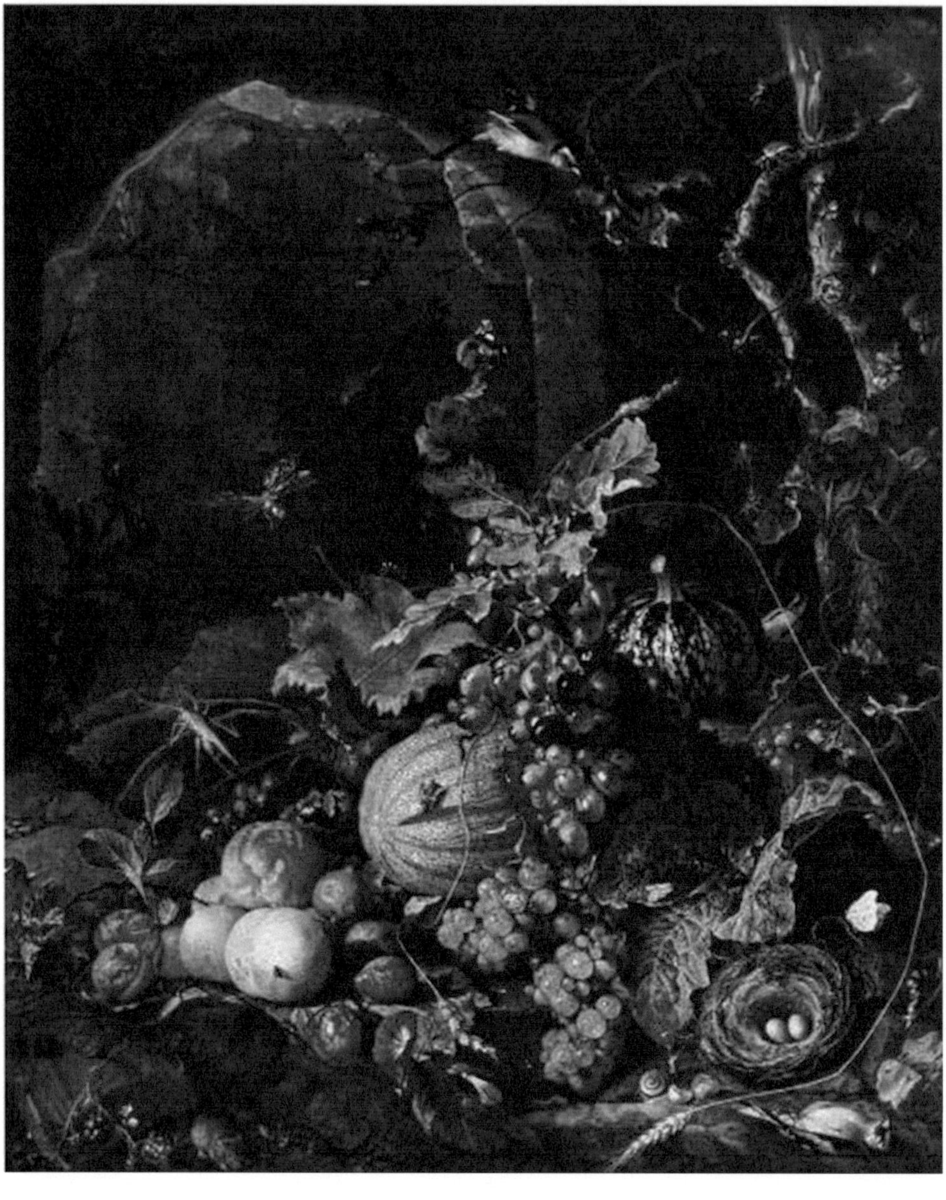

JAN DAVIDZ DE HEEM

(1606—1683/4)

Das grosse Stillleben mit dem Vogelnest

Die Holländer des siebzehnten Jahrhunderts sind durch ihre Blumenpflege in der Malerei zu einer besonderen kleinen Kunstgattung geführt worden, deren Beliebtheit wir uns heute kaum noch verständlich machen können, wo nur noch geringe Talente sich auf diese bescheidene Spezialität ganz zu beschränken pflegen. Damals war die Zahl der Blumenmaler sehr gross, sie waren alle Spezialisten, und die besten standen an Ruhm und Ansehen nicht hinter den ersten Künstlern der anderen Gattungen zurück. Die Liebe zur Natur, mit der sich die alten Holländer in alles. was sie umgab, versenkten, und die nachahmende Naturtreue, die sich gerade an diesen kleinen und zarten Gebilden betätigen konnte, waren es nicht allein, was den Blumenstücken ihre Liebhaber verschaffte. Sie sollten auch künstlerisch wirken durch Zeichnung und Komposition, vor allem aber durch die in Tönung und Helldunkel übertragene Naturmitgift der Farben, und ein rein künstlerisches Mittel ist der gern gewählte dunkle Hintergrund, der die Farben hervortreiben soll. In der Natur wäre er unmöglich; entweder er oder die Farben würden nicht sein. — Der grösste Blumenmaler von Holland ist Jan Davidsz de Heem aus Utrecht. Aber er zieht mit sechsunddreissig Jahren nach Antwerpen, und dadurch erfährt seine Kunst zu ihrem Vorteil eine eigentümliche Mischung. Die Flamländer haben bekanntlich reiner leuchtende Lokalfarben, und ausserdem waren sie in der Blumenmalerei um diese Zeit weiter als die Holländer. Der nur wenig ältere Daniel Seghers in Antwerpen verstand seine licht und farbig gemalten Sträusse und Rankengewinde äusserst graziös anzulehnen an feste Körper mit architektonischen Formen, an Vasen, Steinnischen oder Barockrahmen mit Reliefs. Diese Kunst lernte nun von ihm De Heem. Seine Blumenstücke werden seit dieser Zeit freier und reicher, ihre Erscheinung wird farbiger. Dabei verrät uns doch der wärmere Ton — und auch das Helldunkel — den Holländer. Die Haltung ist malerischer als bei Seghers, und dabei doch alles Einzelne höchst intim behandelt. Wer durch eine grössere Sammlung geht, wird ohne weiteres den Eindruck bekommen, dass Jan Davidsz in seinem Bereich der Erste ist. — Die Bilder aus seiner Blütezeit sind selten datiert, man erkennt sie leicht an ihrer Farbigkeit gegenüber den älteren bräunlich getönten. Sie gingen früh ins Ausland und finden sich in allen grossen Sammlungen Europas, in Dresden allein nicht weniger als zehn. Das hier — in einer ganz ausgezeichneten Reproduktion! — mitgeteilte ist ein Früchtestück. Die Anordnung um altes Mauerwerk mit einem Durchblick ins Freie soll dem Ganzen Festigkeit geben. So baute man die ganz grossen Stillleben aus Wild und Geflügel vor vollständig ausgeführten Landschaften auf. Bei De Heem zeigt uns jede Frucht ihre Art, jedes Blatt und jeder Halm kommt zu seinem Recht. Dazu fliegende und kriechende Tiere ohne Zahl, Schmetterlinge, Schnecken, Ameisen. Und doch haben wir einen künstlerischen Gesamteindruck.

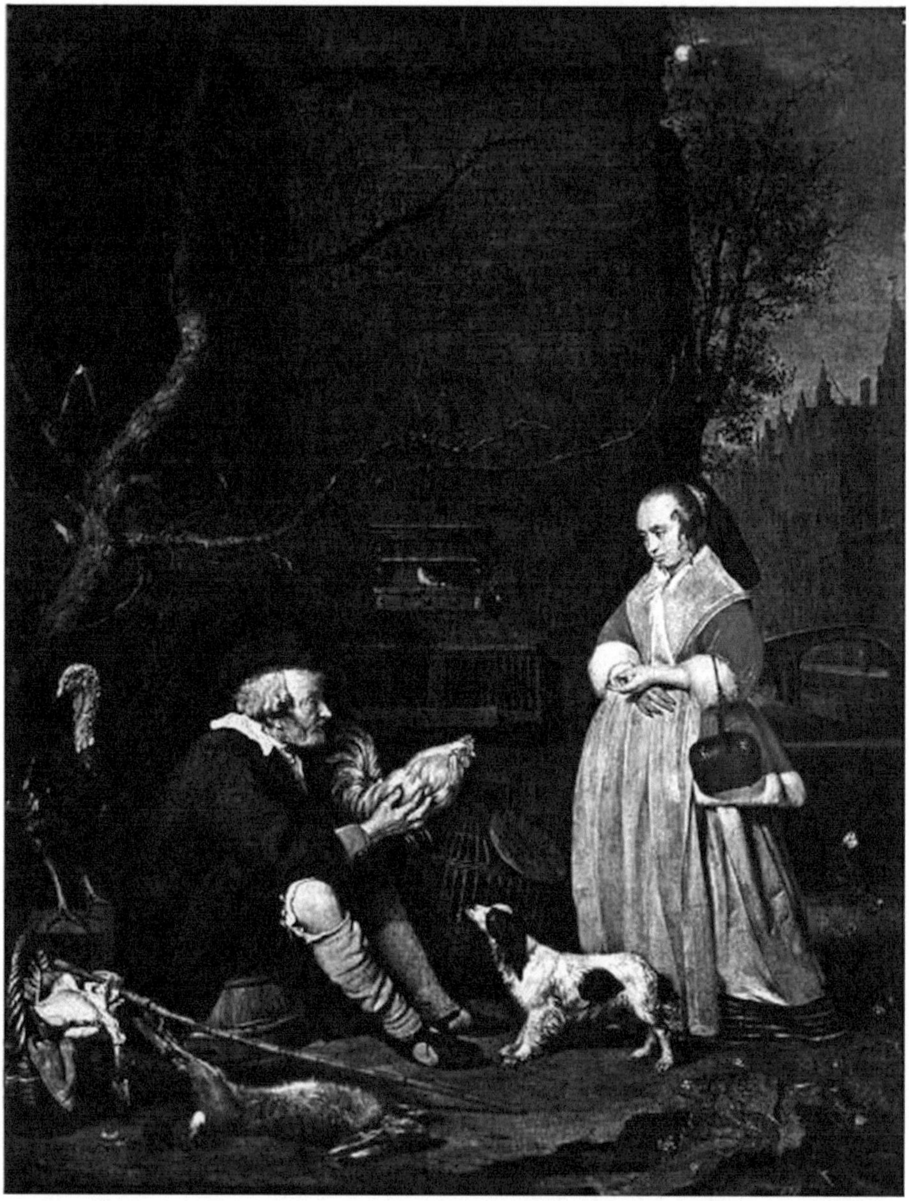

GABRIEL METSU

(um 1630—1667)

Der Geflügelverkäufer

Metsu ist in seiner Heimat Leyden aller Wahrscheinlichkeit nach Dous Schüler gewesen, begibt sich aber bald nach Amsterdam, wo er unter den Einfluss Rembrandts und der Haarlemer Figurenmaler Frans Hals und Adriaen van Ostade gerät; ausser diesen haben auch noch andere auf ihn eingewirkt, z. B. Terborch, dem er in seinem Genrebild aus dem Leben der besseren Stände sehr nahe kommt, obwohl man nicht sagen kann, wo die beiden miteinander zusammengetroffen sein könnten. Er ist Kabinettsmaler, aber nicht gerade Feinmaler wie Dou, dem er übrigens im Malerischen und auch im geistigen Gehalt seiner Bilder überlegen ist. Obwohl er sich niemals in die Kunststücke der Douschen Kleinmalerei verliert, führt er doch alle Einzelheiten, Stoffe und Pelzwerk und alles Stilleben an Früchten, Blumen und Geflügel bewundernswert aus. Manchmal wendet er die Tonmalerei Rembrandts mit einem vortrefflich durchgeführten Helldunkel an, öfter aber und namentlich in seinen Interieurs mit musizierenden Personen, Familienszenen, Toiletten, ärztlichen Besuchen und einzelnen Figuren oder Halbfiguren in allerlei Beschäftigungen, Briefschreibern, handarbeitenden Frauen u. s. w. — gibt er Lokalfarben, die dann mit grossem Geschmack zu einer vorwiegend kühlen Harmonie zusammengestellt zu sein pflegen. Ausser diesem feineren „Sittenbilde“ und einigen Bildnissen finden wir bei ihm Marktszenen im Freien mit Personen niederer Stände, die aber niemals derb und burlesk wie bei den Bauernmalern, sondern immer zurückhaltend und sachlich dargestellt sind; diese vorzugsweise haben eine warme, bräunliche Tönung. — Dieser zweiten Gattung gehört unser Bild an, das sich mit seinem Gegenstück, einer „Geflügelverkäuferin“, die stehend einer Alten ein gerupftes Huhn anbietet, während der Händler rauchend daneben sitzt, mindestens seit 1722 in der Dresdener Galerie befindet. Beide sind 1662 datiert, also aus seiner besten Amsterdamer Zeit. Die junge Frau hier mit dem etwas gattungsmässigen Metsuschen Gesicht zieht unsre Aufmerksamkeit an durch eine ausnehmende Stoffmalerei, das Atlaskleid und den Pelzbesatz und die durch Brusttuch und Schürze scheinenden Farbenreflexe. Der Alte ist vortrefflich, sein Kopf von einer Ausführung wie bei Gerard Dou. Die Tiere und das Stilleben sind vollendet gemalt. Der schattige Winkel mit dem Durchblick auf eine Amsterdamer Gracht gibt dazu einen eindrucksvollen Hintergrund.

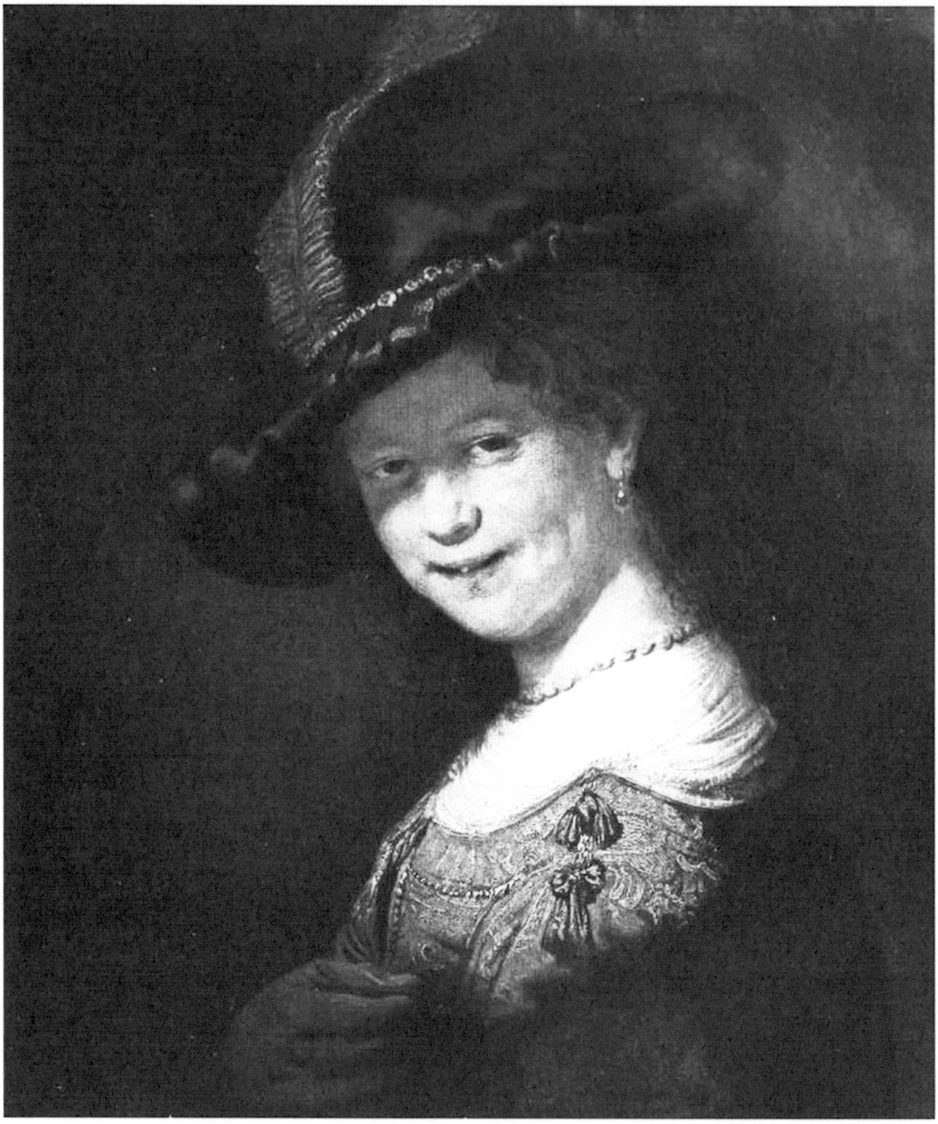

REMBRANDT VAN RIJN

(1606—1669)

Die lachende Saskia

So oft auch Rembrandt seine Saskia gemalt hat, immer hat ihn die Aufgabe neu gereizt und künstlerisch in Anspruch genommen. Wir kennen ein prächtiges lebensgroßes Kniestück der Kasseler Galerie, das sie im Profil darstellt als Braut. Dieses hier, mit der Jahrzahl 1633, ist aus derselben Zeit (1634 heiratete Rembrandt), aber kleiner und nur im Brustausschnitt, und das Gesicht ist ganz von vorn genommen. Die Beschattung des oberen Gesichtsteils durch die Krempe des roten Sammethuts ist ein von Rembrandt gerade um diese Zeit gern angewandtes Belebungsmittel. An gewählter Pracht der Kleidung und Sorgfalt der Ausführung steht dies Bildnis hinter dem der Kasseler Galerie nur wenig zurück, aber der Eindruck ist doch völlig anders. Künstlerisch sehr besonders ist die Sammlung des Lichts in der Mitte zu einer fast kreisförmigen Scheibe, die sich unten, wo die Hand an der Brust liegt, gegen die tiefsten Schatten absetzt. Aber so etwas findet erst die längere Beobachtung. Auf den ersten Blick und für den einfachen Betrachter hat der lachende Kopf mit den zusammengekniffenen Augen nichts Anziehendes, und der grinsend in die Höhe gezogene Mund mit den — infolge der Schatten — scheinbaren Zahnlücken wirkt sogar abstoßend. „Sieh mal, da hat er sie sogar ohne Zähne gemalt, so was sollte nicht erlaubt sein", hörten wir einmal vor dem Bilde einen alten Herrn zu seiner Ehehälfte sagen.

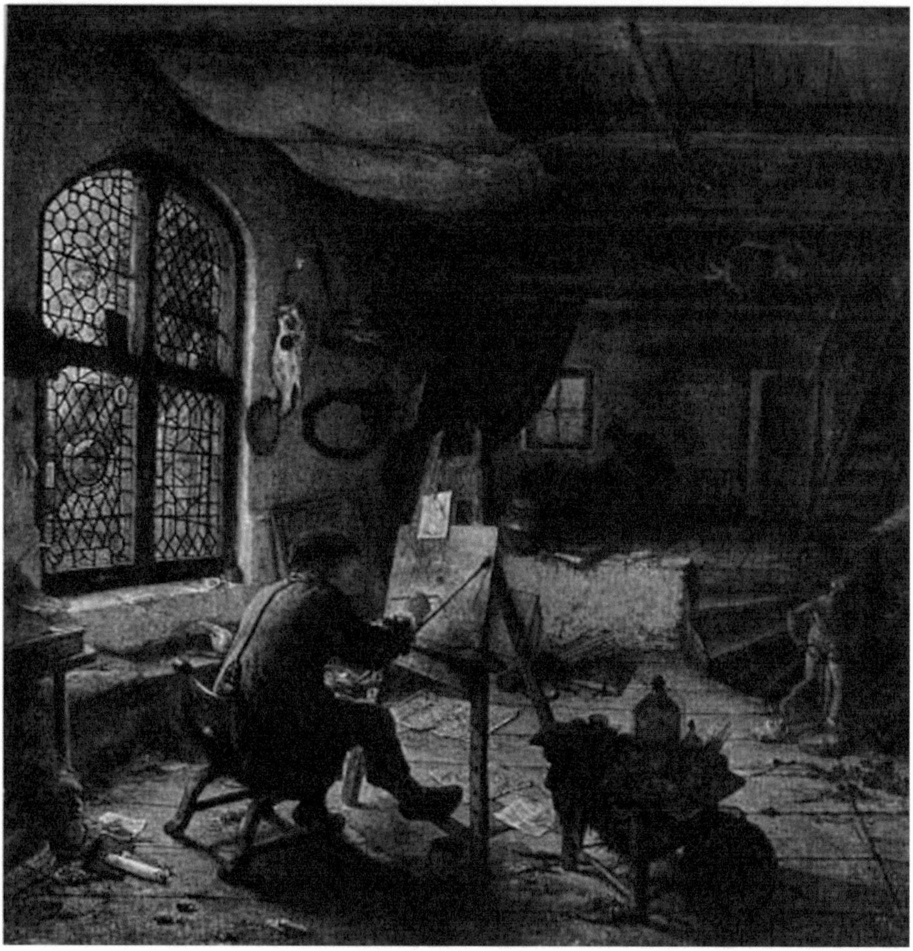

ADRIAEN VAN OSTADE

(1610—1685)

Der Meister in seiner Werkstatt

Adriaen van Ostade aus Haarlem, der berühmteste holländische Bauernmaler, war ein Schüler von Frans Hals und sah in seiner Jugend Brouwer malen, als dieser sich eine Zeitlang bei dem Meister in Haarlem aufhielt. Brouwers Figuren sind geistreicher, er ist auch als Kolorist bedeutender, ein großer Künstler in dieser kleinen Gattung. Auch Ostade hat sich, wie man aus seinen Radierungen sieht, mit dem Figürlichen Mühe gegeben, aber Brouwers Qualität erreicht er nur selten. Seine Figuren sind ihm aber auch nicht die Hauptsache. Sie sollen die Umgebung beleben und zum Sprechen bringen. In dieser Zusammenstimmung des Raumes mit allen Einzelheiten durch Farbe und Licht liegen Aufgabe und Hauptwert seiner Kunst. Das Stoffgebiet, das er sich erwählt hat, verläßt er selten, immer malt er die Bauernunterhaltungen, Wirtshausstuben, Dorfschulen, aber er ändert seine Malweise, und darin liegt seine künstlerische Entwickelung. Solange er Hals und Brouwer folgt, finden wir deutliche Figuren, viel Lokalfarbe, im Ganzen eine klare, kühle Tönung und eine Vorliebe für Helldunkel. Gegen 1640 zeigt sich der Einfluß Rembrandts, mit dem er bald auch in dem nahen Amsterdam in Verkehr tritt. Nun erreicht er seine Höhe in den reizvollen Interieurs mit goldwarmem Ton, beschatteten Figuren und intim durch enge Fenster spielendem Sonnenlicht. Gegen 1670 ist es mit der Rembrandtstimmung vorbei, einzelne Farben treten wieder hervor, bald bunter, bald grau, und manchmal trübe. Das ist seine letzte Manier.

Meistens stellt er Innenräume dar. Öfter gibt er aber auch die Eingangsseite eines Bauernhauses mit den Insassen davor, oder auch eine größere Gesellschaft im Schatten einer Laube, zu der sich ein Leiermann oder ein Musikantenpaar eingefunden hat. Dann und wann reiht sich den Wirtshausstuben und Dorfschulen ein Familienzimmer ohne Bier und Tabak an.

Hier haben wir eine der bei den holländischen Malern beliebten Darstellungen des eigenen Ateliers, wie wir sie auch von Jan Steen, Gerard Dou, Terborch, Netscher, dem Delfter van der Meer und vielen anderen haben. Ostades Werkstadt ist eine einfache Bauernstube mit einem großen Malfenster. Rechts neben der Gliederpuppe führt eine Treppe zu einem oberen Raume hinauf; ganz hinten auf erhöhter Fläche sieht man an einem Tische undeutlich eine Gestalt. Die wundervolle Lichtführung, die den dämmerigen Raum allmählich aufklärt, war dem Künstler die Hauptaufgabe. Seine eigene Figur an der Staffelei, von deren Gesicht man nur das verlorene Profil sieht, dient zum Zurückschieben des Raumes und bringt zugleich etwas Farbe in die bräunliche Tönung. In dieser Hinsicht ist das Fenster ein kleines Kunstwerk für sich. Das kostbare Bild ist eins der vollkommensten Interieurs, die wir von Ostade haben, aus seiner späten, aber noch guten Zeit (1663), wo das Helldunkel herrscht, ohne daß die Formen völlig verschwimmen.

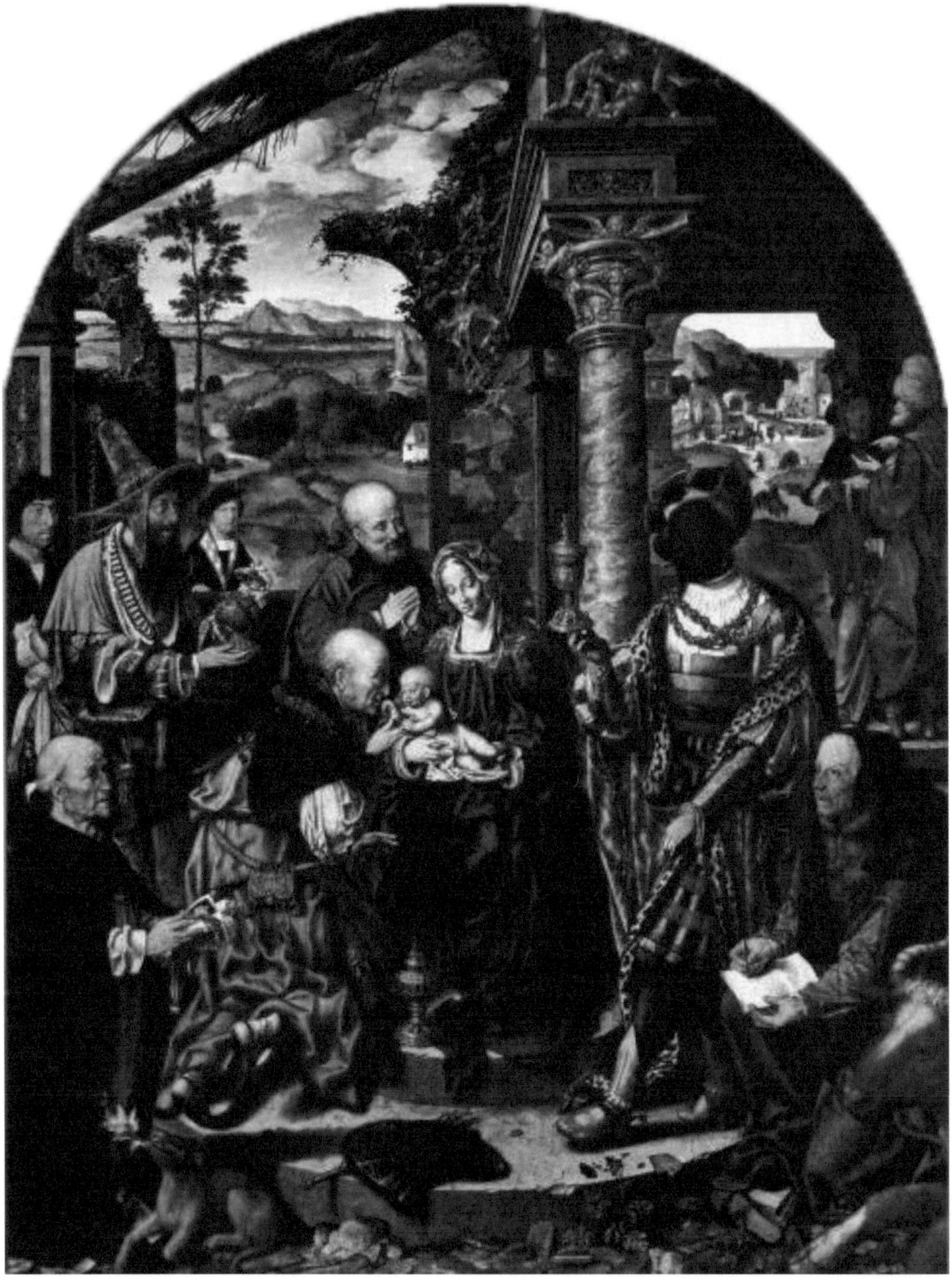

DER MEISTER DES TODES DER MARIA

(tätig zwischen 1512 und 1530)

Die große Anbetung der Könige

Dieser nach zwei Darstellungen desselben Gegenstandes in Köln und in München benannte Maler, ein Zeitgenosse Dürers und Holbeins, hat in über sechzig äußerlich meist sehr glänzenden Bildern den Stil der gleichzeitigen namenlosen kölnischen Meister (unter die man ihn häufig gerechnet hat) mit Anregungen der Altniederländer, unter Anwendung von Schmuckformen der italienischen Renaissance, auf eine so eigentümliche, man möchte sagen innerliche Weise verarbeitet, daß er in der Kunstgeschichte ganz allein für sich dasteht. Das Merkwürdigste ist, daß wir in dieser geschichtlich doch schon so hellen Zeit über die persönlichen Verhältnisse eines Künstlers, dessen Bildnisse man gelegentlich Holbein hat zusprechen können, unter dessen Auftraggebern namhafte und hochangesehene Männer erscheinen, dessen Werke endlich früh nach Italien (Genua) kamen und überall auf das höchste geschätzt wurden, — so gut wie nichts, und über seine Herkunft nur soviel ermitteln können, als uns der Charakter seiner Bilder erraten läßt. Wahrscheinlich war er ein Niederländer, er braucht nicht in Köln oder überhaupt am deutschen Rhein längere Zeit gelebt zu haben, und es ist auch nicht notwendig, daß er Italien gesehen hat. Mit den ungelösten Rätseln seiner Person, seiner Lehrer und seiner nächsten Schulgenossen sollen die Leser nicht behelligt werden. Dem Charakter seiner Bilder nach ist er ein Nachahmer, der kein eigenes, tieferes Seelenleben hat, ein Archaist: seine Hauptneigung geht auf Glanz der Ausstattung und Ornamente. Er bevorzugt die ruhige Situation, niederländische Behaglichkeit, das Häusliche der inneren Einrichtung. Ihm fehlt der volkstümliche Zug, der in der Kunstgeschichte zu neuen Bewegungen führt. Dafür hat er eine gewählte Eleganz, die auf den Geschmack der feineren Kreise rechnet. Er ist, wie es einst Jan van Eyck war, ein Maler für vornehme Leute. Unser aus Genua stammendes Dresdner Bild ist ein charakteristisches Hauptwerk seiner späteren Zeit. Zu dem üblichen Bestand an Figuren sind vorn zwei Heilige hinzugekommen, links Dominikus mit einem Hunde, rechts Lukas neben seinem Ochsen. Hinter der Brüstung, ganz klein, des Meisters Selbstbildnis. Die Umrisse der Zeichnung sind nicht sehr scharf und namentlich in der Ferne verblasen, aber die Figuren sind fest und plastisch modelliert, sie erinnern etwas an die Art des italienischen späteren Quattrocento. Die kräftig bunte Färbung hat (im Gegensatz zu der „kleinen" Anbetung der Könige aus des Meisters früherer Zeit, ebenfalls in Dresden) einen auffallend kalten Gesamtton und verläuft nach der Ferne zu in ein unfreundliches Blaugrün.

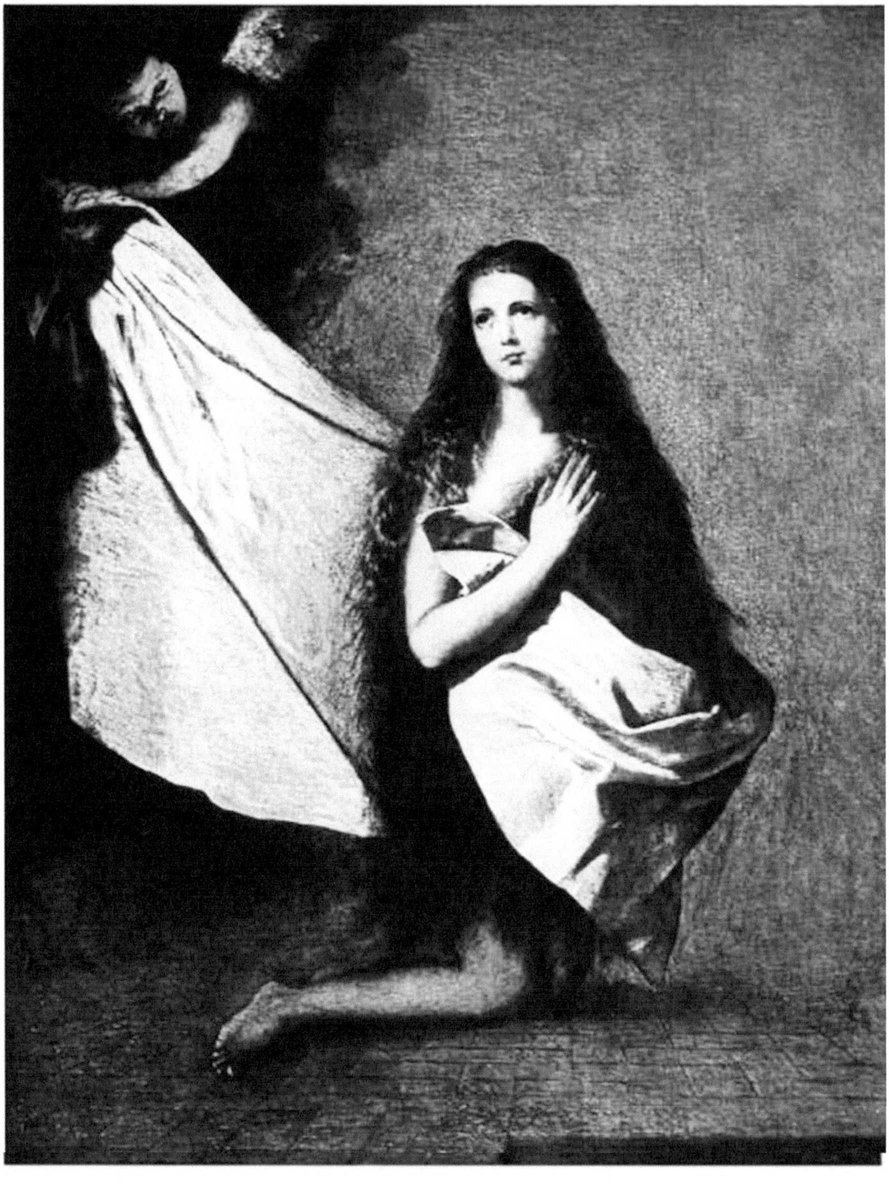

JUSEPE DE RIBERA

(1588—1652)

Die heilige Agnes

Jusepe de Ribera, ein geborener Spanier — Lo Spagnoletto — kam etwa 1606 nach Italien und ließ sich bald in Neapel nieder, wo er nach einer reichen Wirksamkeit in hohem Ansehen gestorben ist. Er hat zahlreiche Kirchentafeln gemalt, darunter grausig natürliche Martyrien, wie sie bei den Spaniern beliebt und auch in Neapel besonders begehrt waren, sodann sehr realistische Sittenbilder in der Art Caravaggios, dessen Vorbild auch übrigens auf ihn eingewirkt hat. Außerdem studierte er den Lichtmaler Correggio und die Venezianer; seine Farbe, sein Vortrag und seine ganze Auffassung sind stark venezianisch. Alles das hat seine kräftige Persönlichkeit zu einem eigenen, höchst individuellen Stil verarbeitet. In Italien herrschte um jene Zeit die akademische Richtung der Bolognesen. Ihr stellte er den Wirklichkeitssinn und die rücksichtslose Naturauffassung entgegen, die er aus Spanien mitgebracht hatte und die er nun prinzipmäßig gegen die verflachende Manier und die bloße Formschönheit durchsetzte, ganz im Sinne Caravaggios, an den uns seine Behandlung der Körperoberfläche mit den stark betonten Muskeln und seine schweren Schatten oft erinnern. Aber seine Kunst geht noch erheblich über Caravaggio hinaus. Sein sicherer Pinselstrich trifft alle Einzelheiten des menschlichen Körpers, den Ton des Fleisches, das Leben der Haut bis in ihre kleinen Linien und Falten und das Spielen der Lichter darauf. Was er auch angreift, und wie wenig uns der einzelne Gegenstand auf den ersten Blick gefallen mag, man wird immer bei näherem Zusehen etwas daran zu beachten finden. Ribera ist niemals leer oder langweilig. Gegenüber der breiten Geschäftigkeit der Bolognesen empfinden wir seinen Natursinn als eine wahre Erfrischung. Zu einem solchen Wirklichkeitsernst ist kein reiner Italiener vorgedrungen, nur noch der Spanier Velazquez, dem Ribera so ganz zusagte. Und daß dem energischen Charakteristiker auch der Ausdruck des Zarten und Weichen zu Gebote stand, zeigt der aufwärts blickende Kopf dieser betenden Heiligen, zu der dem Künstler seine eigene Tochter gesessen hat. Ganz von wunderbar gemaltem Haar umflossen, kniet sie in ihrer von goldenem Sonnenstaub erfüllten Zelle vor einer kellerartigen Vertiefung; ein Engel hat ihr das deckende Gewand gereicht. Das Bild mit der Jahrzahl 1641 wurde 1745 durch den spanischen Gesandten erworben.

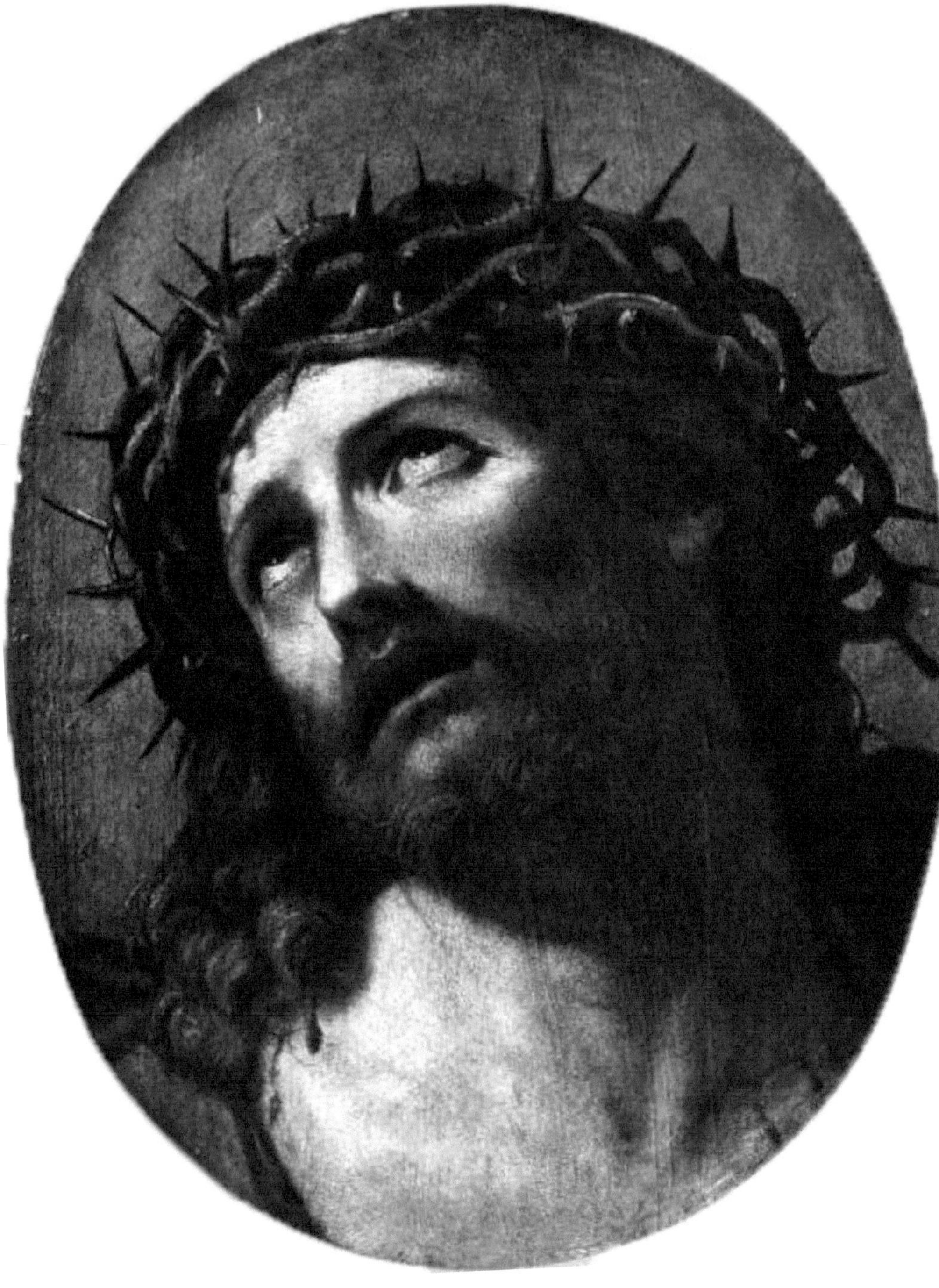

GUIDO RENI

19

(1575—1642)

Christuskopf mit der Dornenkrone

Die von den Caracci in Bologna begründete Schule, gegen die Caravaggio und Ribera (Nr. 18) auftraten, wollte die in Routine und Manier verfallene Malerei ihrer Zeit durch strenge Schulung nach den Mustern der Hochrenaissance wieder aufrichten und wies ihre Schüler hauptsächlich auf Raffael, Correggio und einzelne Venezianer hin. Zu der äußeren Formschönheit und einer sehr korrekten Zeichnung fügte sie neue Reizmittel, verstärkte Bewegung, geräuschvolles Pathos oder auch einen weichmütigen Gefühlsausdruck, und diese Richtung, die das Hohe mit dem Zarten auf das innigste zu verschmelzen schien, behauptete sich nicht nur zu ihrer Zeit gegenüber der anderen, naturalistischen, sondern sie blieb sogar bis in das vorige Jahrhundert hinein die herrschende. Der heutigen Kunstanschauung gilt sie bei aller Anerkennung ihrer Formvorzüge für ein akademisches Treibhausgewächs. Guidos Kunst ist die bedeutendste Erscheinung dieser Nachblüte. Er ist mehr als ein bloßer Nachahmer. Was er durch Studium und Auswahl zustande gebracht hat, ist von keinem Italiener nach ihm mehr erreicht worden. Seine Fresken, die den großen Zug der klassischen Zeit haben und fast alle seine umfänglichen Altartafeln sind in Italien geblieben. Außerdem pflegten die Bolognesen noch eine in dem spätern Italien besonders beliebte kleinere Gattung, die früher nur bei den Venezianern und den Lombarden, nicht bei den Florentinern, vorkommt: das für die Hausandacht bestimmte Bild einer einzelnen Halbfigur. Der Kopf mußte dann die ganze Charakteristik auf sich nehmen, und die Gesichter wurden sinnend, schwermütig, sehnsuchtsvoll oder in Augenblicken des Leidens dargestellt. Der Ausdruck ist manchmal nicht ohne Raffinement, die Ausführung oft von der äußersten Vollendung. Von dieser Art sind die vielen Magdalenen Guidos, sowie einzelne Apostel und Heilige, endlich unser Christuskopf, der büstenartig auf einem nur kurzen Brustausschnitt sitzt, eine Abkürzung des so oft in der Kunst dargestellten Eccehomo. Dieser schmerzerfüllte und dabei edel geformte Kopf, der übrigens ohne den antiken Laokoon schwerlich entstanden wäre, wie ja auch die Niobiden zu dem Typus der Mater dolorosa beigesteuert haben, ist ohne Frage eine der glücklichsten Leistungen der spätitalienischen Malerei. Guido hat das Bild öfter gemalt. Das Dresdener Exemplar, ein Geschenk des Papstes Innocenz XII. an August II., ist das beste.

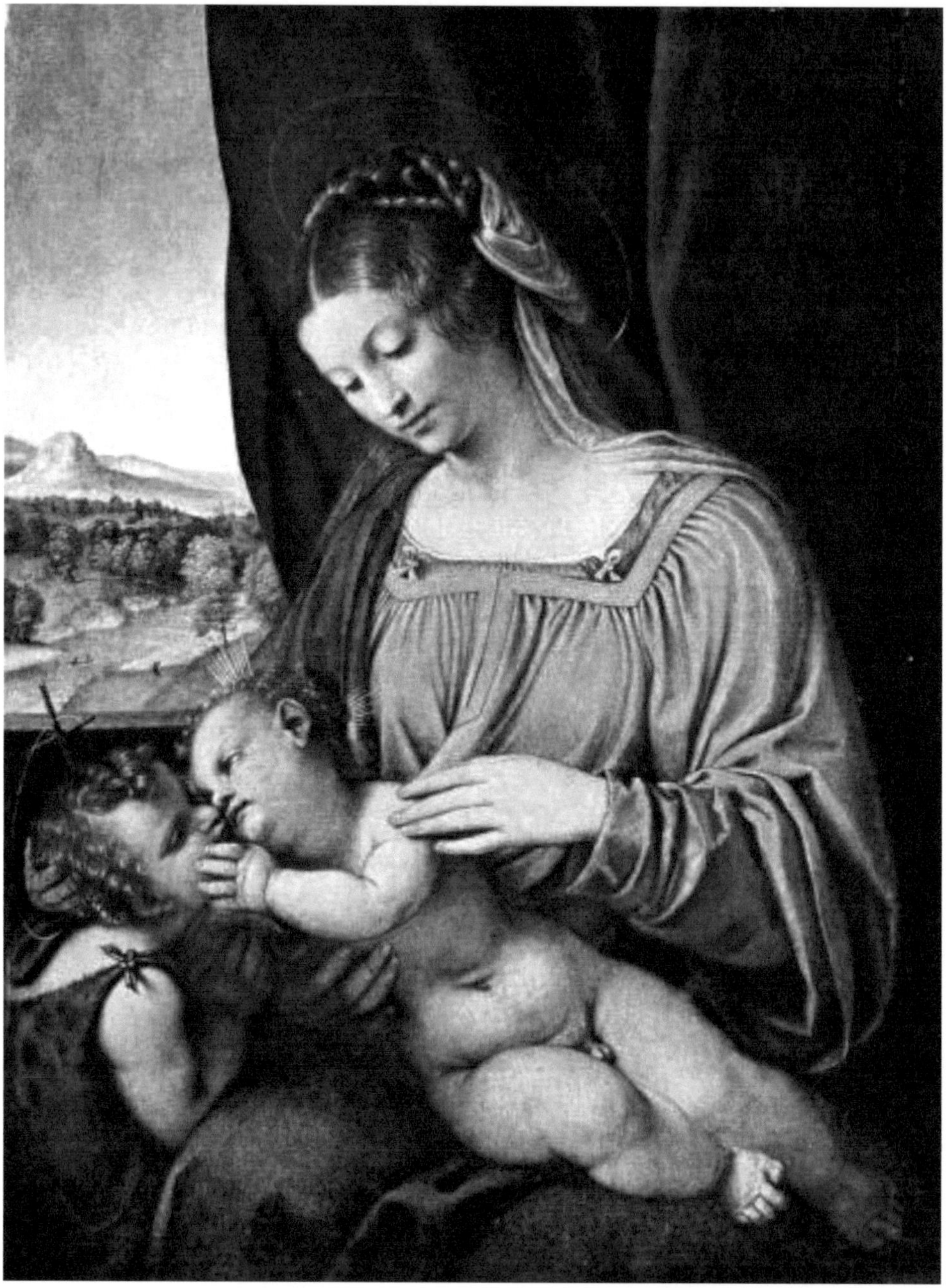

LORENZO LOTTO

(um 1480 bis nach 1556)

Maria mit dem Kinde und Johannes

Dies feine kleine Bild mitsamt seiner kritischen Geschichte kann uns einleitend auf einen großen Maler vorbereiten, der sehr viel Bedeutenderes geschaffen hat und der in Deutschland einigermaßen in dem Berliner Museum, sonst aber bloß in Italien kennen zu lernen ist. Seit etwa hundert Jahren in der Dresdner Galerie befindlich, trug es dort lange einen indifferenten Künstlernamen, bis der erste wissenschaftliche Katalog (1887, Wörmann) fein und kurz bemerkte, dieser tüchtige Meister sei ein Oberitaliener und habe unzweifelhaft Lionardo da Vinci und Correggio gekannt, was nunmehr jeder deutlich nachfühlen kann, der auf das Stück Landschaft acht gibt, das durch den Fensterausschnitt sichtbar wird, auf die Bildung und den Ausdruck der Gesichter und auf die tiefen, gesättigten Farben mit den Schillertönen des Orange und Graublau. Zwei Jahre später sprach Frizzoni aus, daß es ein Originalwerk des Lorenzo Lotto sein müsse, und 1891 fand Charles Loeser sogar noch die Inschrift Laurentius Lotus 15.8. Wie beinahe keiner von den bedeutenden älteren venezianischen Malern aus Venedig selbst stammt, wie sie alle vom Festland hereinkommen und frische, kräftige Eindrücke, die Erinnerung an eine ganz andre Natur, an Berge, Flüsse und Bäume mitbringen und diese Grundlagen in der Lagunenstadt künstlerisch verarbeiten: so galt auch Lorenzo Lotto lange Zeit als Bergamaske oder Trevisaner, nächst Giorgione wohl der interessanteste Venezianer, weil in ihm das Oberitalienische und das Venezianische auf eine so eigentümliche Weise zusammengeflossen ist, daß auf seinen Bildern allerlei Neues und Unerwartetes oft geradezu geheimnisvoll an die Oberfläche tritt. Jetzt weiß man, daß er in Venedig geboren wurde, wo er jedoch nur einen Teil seines Lebens verbrachte. Wir haben von ihm große Kirchentafeln, die schönsten in Bergamo, sittenbildlich aufgefaßte Gruppen, einzelne Frauen, Bildnisse ernster Männer. Seine Gestalten sind bald ruhig und schwermütig, bald lebhaft bewegt bis zum stürmischen, bald von einem weichen Liebreiz, wie bei keinem andern Venezianer. Das Zusammentreffen mit Correggio erklären wir uns heute so, daß dieser, der Jüngere, auch der Empfangende gewesen ist: dessen frühestes datiertes Werk ist die Madonna mit dem heiligen Franz in Dresden (1515, Nr. 29), die Reihe der Kirchentafeln Lottos beginnt 1516, und ungefähr seit 1520 folgen dann die reifen Bilder Correggios. — Die Jahrzahl der Dresdner Madonna Lottos ist 1518 zu lesen, so daß das Bild in die Zeit seines Aufenthalts in Bergamo (1513 bis um 1525) gesetzt werden muß.

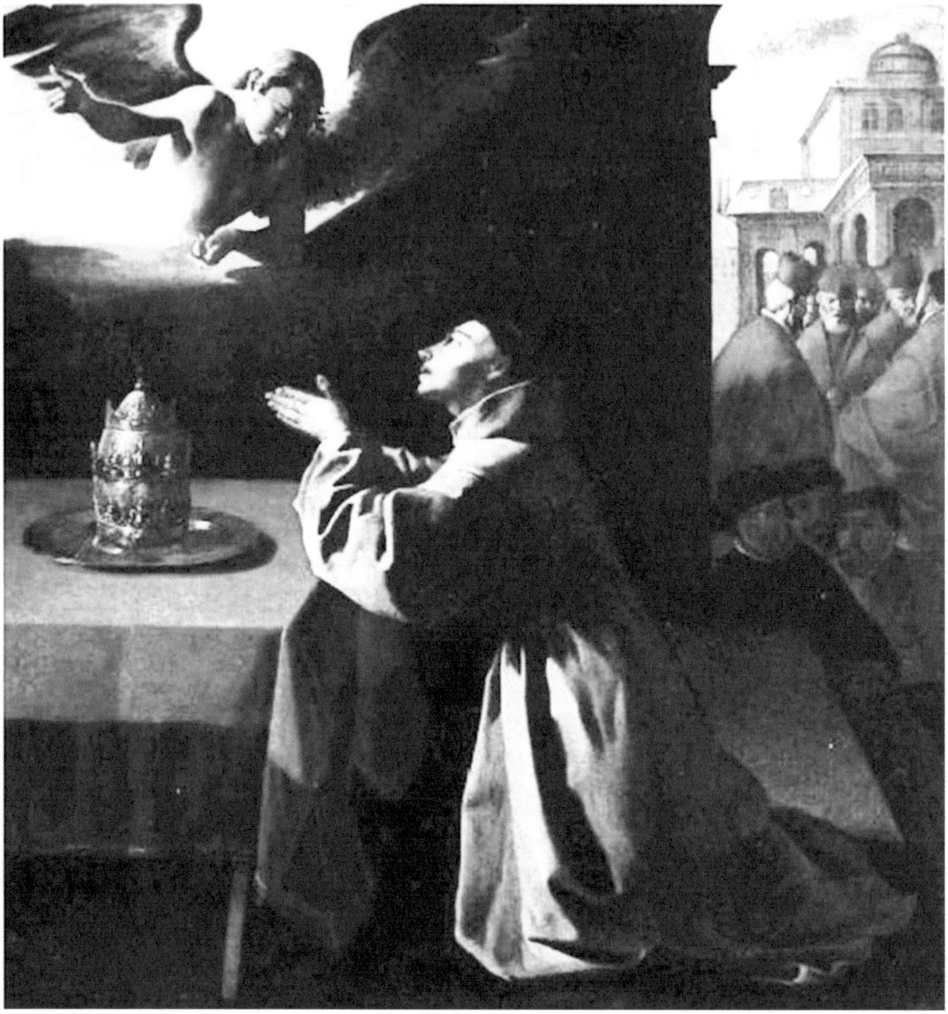

FRANCISCO DE ZURBARAN

(1598—1662)

Bonaventuras Gebet während einer Papstwahl

Francisco de Zurbaran, dem Velazquez gleichalterig, wird allgemein als drittgrößter spanischer Maler gerechnet. Seine nach Mönchstypen Sevillas gestellten Figuren sind kräftig, ganz modellmäßig, ohne Erhöhung und äußerlich meistens ruhig aufgefaßt. Sie haben nicht das sprechende Leben des Velazquez und auch nicht Murillos freundliche Wärme. Sie sind gewöhnlich furchtbar ernst. Und so auch die Farben. Sie leuchten und kleiden prächtig, aber sie erwärmen nicht, und ihr Glänzen wirkt auch keinerlei poetische Verklärung. Man kann Zurbarans Größe anerkennen und ihn trotzdem kalt und unsympathisch finden. Es ist auch kein Zufall, daß ihm die Darstellung des Weiblichen nicht gelingen wollte. Die meisten Bilder von ihm sind in Sevilla und Madrid, aber außerhalb Spaniens befindet sich wenigstens ein Hauptwerk aus seiner früheren und besten Zeit (1629), das Leben des heiligen Bonaventura aus der Franziskanerkirche zu Sevilla, in vier Darstellungen, deren eine mit noch vierzehn andern spanischen Bildern der Sammlung des Königs Louis Philippe nach Dresden gekommen ist. Daran ist vieles zu bewundern: Energie in Zeichnung und Farbe, überraschende Anblicke, die kein Italiener uns bieten wird, wie die roten Kardinäle in dem hell beleuchteten Hofe hinter den stark beschatteten drei Männern an der Treppe. Aber nach solchen Effekten bleibt der Gesamteindruck einer kühlen Zeremonie zurück. Der geschilderte Vorgang ereignete sich bei der Wahl Gregors X. 1271. Das Kardinalskollegium konnte sich nicht einigen und übertrug die Entscheidung dem Franziskanergeneral, der nun betend von dem Engel die Eingebung empfängt.

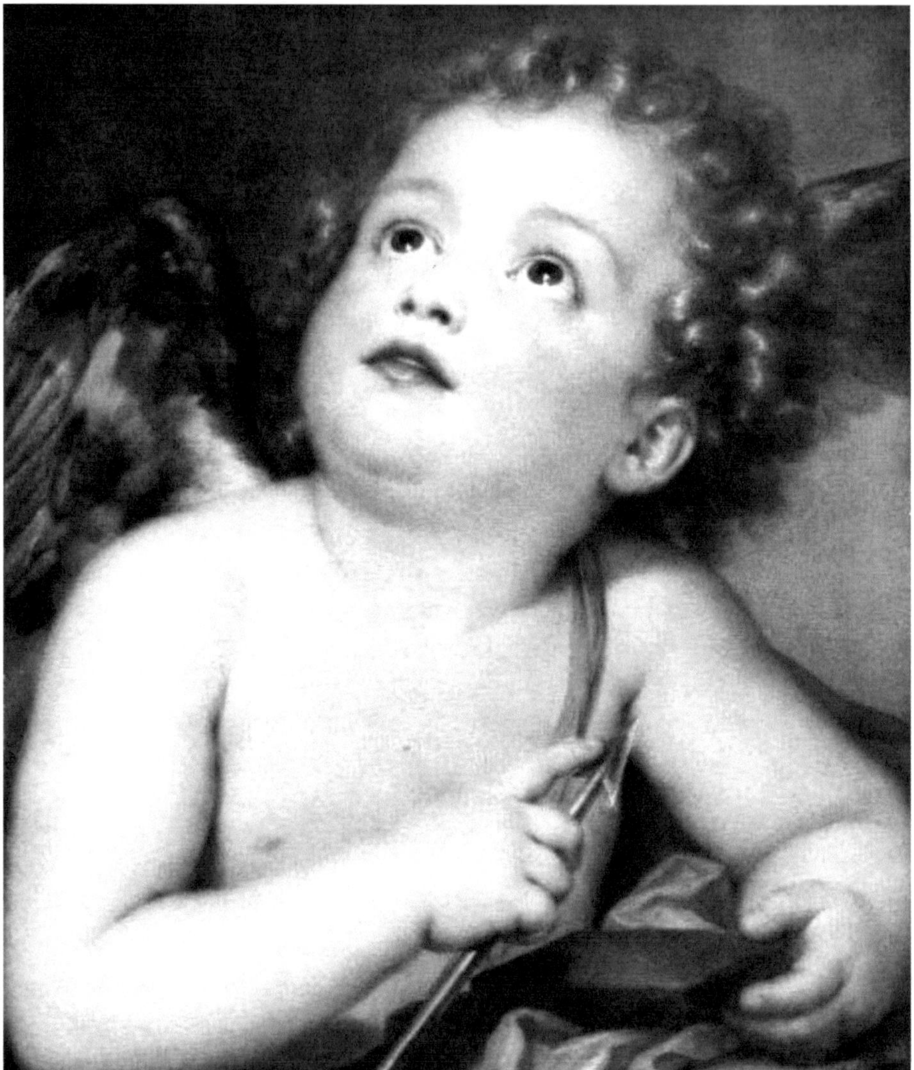

RAPHAEL MENGS

(1728–1779)

Amor

Raphael Mengs sah die Welt der Kunst mit den Augen dessen, den die Leistungen einer grösseren Vergangenheit zu keiner eigenen Formensprache haben kommen lassen. Als korrekter Zeichner und vorzüglicher Farbentechniker muss er noch heute hoch gestellt werden. Seine Pastellbilder, deren grösste Sammlung die Dresdener Galerie enthält, offenbaren uns eine feine Liebhaberkunst, deren beste Stücke, wie die beiden Selbstporträts des Sechzehnjährigen, nicht übertroffen werden können. — Auch dieser kleine Amor mit den bunten Flügeln, der seinen Pfeil schleift, ist trotz dem etwas leeren Gesichtsausdruck ein feines Bildchen und längst der Liebling der Galeriebesucher geworden. Er wird zuerst in dem Katalog von 1765 erwähnt und ist offenbar unter dem Einfluss der beiden Engelknaben der Sixtinischen Madonna entstanden. Aber als diese 1754 nach Dresden kam, lebte der Künstler schon seit zwei Jahren in Italien.

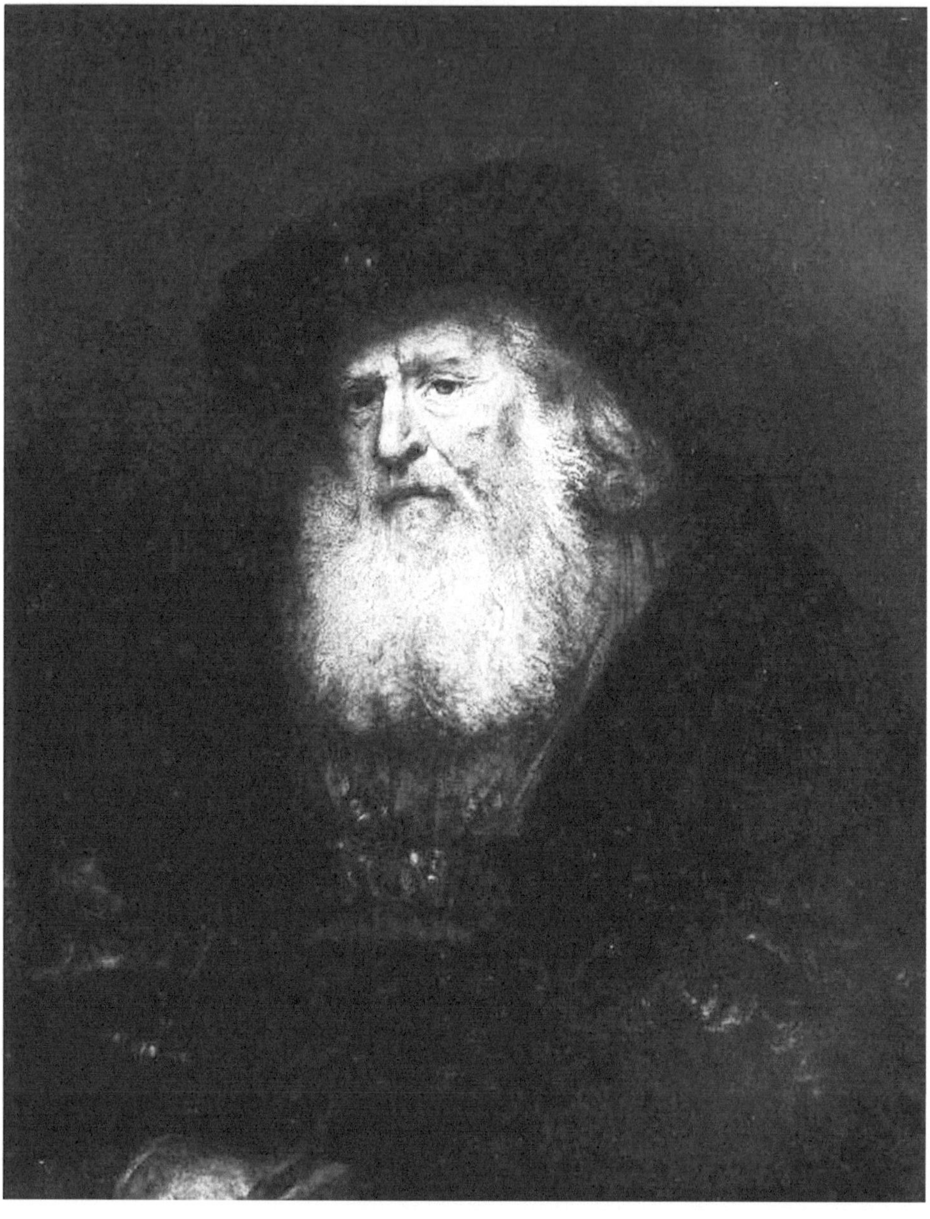

REMBRANDT VAN RIJN

(1606—1669)

Bildnis eines bärtigen Alten

Die Grundlage von Rembrandts Kunst ist das Porträt. Von da aus erhebt er sich zum Historienmaler, und sein langes Leben hindurch sind seine Historien in allen ihren Wandlungen niemals flach und matt geworden, weil ihnen aus seinen immer mit demselben eindringenden Eifer fortgesetzten Porträtstudien Geist und Leben zuflossen. Denn außer den bestellten Bildnissen malte er zu seiner künstlerischen Befriedigung Menschen, wie er sie fand und brauchen konnte, Angehörige, Freunde oder bezahlte Modelle, und als er zuletzt von Schicksalsschlägen gebrochen und ganz verarmt war, als die Körperkräfte nachließen, und Auge und Hand den Dienst versagten, arbeitete er doch noch mit dem beschränkten Material von Gefälligkeitsmodellen und einem kümmerlichen Rest von Ausstattungsstücken in der gewohnten Weise weiter. In solchem Zusammenhange gewinnt in der ermüdend langen Reihe dieser kaum zu zählenden Studienköpfe jeder einzelne, wenn er für sich betrachtet wird, Bedeutung als Dokument eines Künstlerlebens. Im ganzen zog Rembrandt den Frauen die Männer vor, und unter diesen wieder die bejahrteren, weil in ihren Zügen für ihn am meisten zu lesen stand. Besonders zogen ihn die bärtigen Charakterköpfe der Amsterdamer Judengemeinde an, wie er ja auch die Gegenstände seiner Geschichtsbilder meist aus dem Alten Testamente nahm, und bis in die letzte Zeit finden wir in seinem Werk diese malerisch kostümierten, mit goldenen Ketten behängten Männer und Greise von orientalischem Gesichtstypus. Unser Dresdener Bild ist ein Hauptwerk dieser Art. Es trägt die Jahrzahl 1654, gehört also in seine letzte Blütezeit; zwei Jahre später trat sein Vermögensverfall ein. Der allein belichtete Kopf ist wunderbar ausgeführt, das Haar seidenweich und fein wie Nadelarbeit, der Auftrag übrigens ganz breit. Der Gesamtton ist ein warmes Braun, das den dunkelgrauen Mantel völlig überstimmt und das Rot des Rockes nur leise hervortreten läßt. Ein schwarzes Barett gibt die tiefste Dunkelheit. Außer dem Kopf haben wir nur noch einen lichten Fleck: die rechte Hand, die einen Handschuh zu halten scheint.

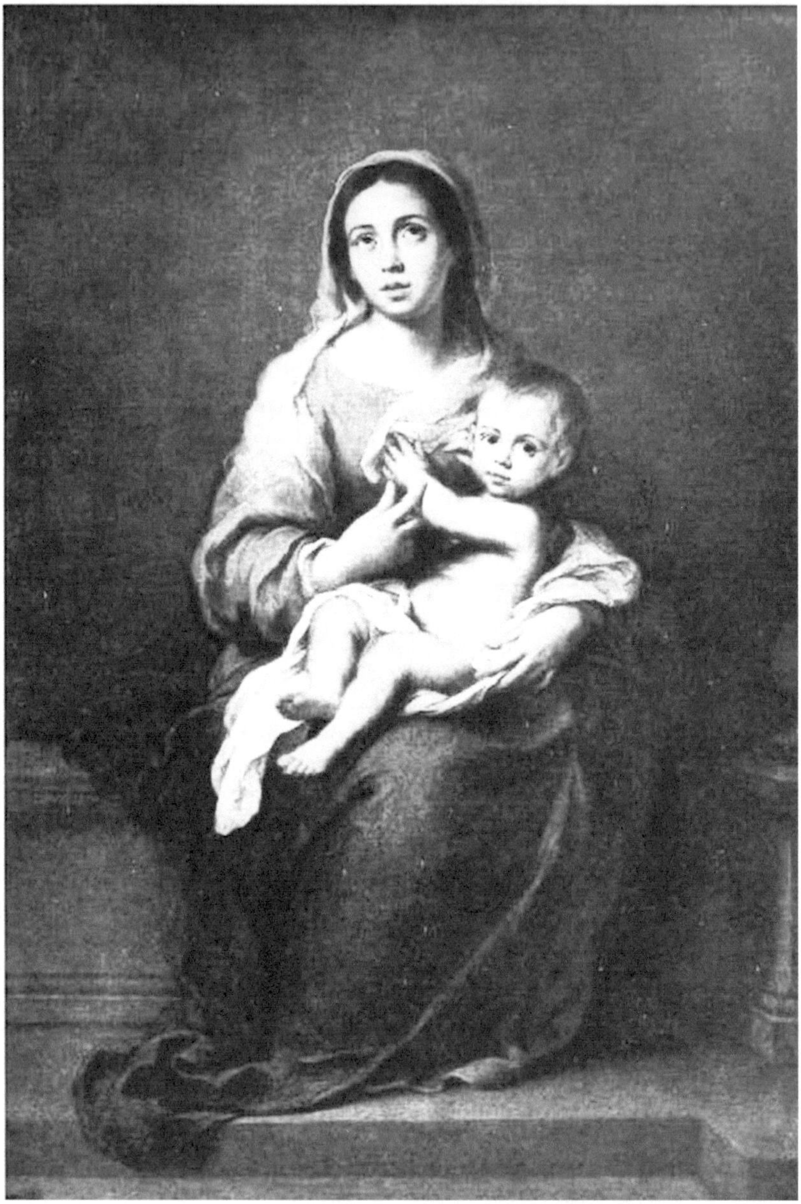

BARTOLOMÉ ESTÉBAN MURILLO

(1617—1682)

Maria mit dem Kinde

Der sanfte, freundliche Murillo steht unter den spanischen Malern ganz für sich, der Poet unter den Realisten. Er gibt uns schwebende Madonnen, Engel auf goldenen Wolken, vielfach abgetöntes Himmelslicht, bald warm und sonnig, bald verschleiert und kühl, und dazu oft eine wundervolle Landschaftsferne. Aber er malt auch freskenartig auseinander gezogene religiöse Historien mit vielen Figuren, wie die Italiener, und dann hat er von allen Spaniern am meisten Italienisches, ohne doch je in Italien gewesen zu sein. Ganz besonders liebt er die Kinder. Klein umschwirren sie die Jungfrau und die visionären Heiligen, manchmal in so dichten Schwärmen, daß sie ganz in der Ferne nur noch ihre Köpfe zeigen und die Wolkenballen Engelsgesichter bekommen zu haben scheinen. In etwas reiferem Alter treffen wir sie auf religiösen Genrebildern als „heilige Kinder", Christus und Johannes, bisweilen begleitet von geflügelten Spielkameraden. Endlich kommen noch die Gassenjungen und die Mädchen aus dem Volke auf den eigentlichen, profanen Genrebildern, die Murillos Namen am meisten populär gemacht haben. In seiner reifen Zeit hat dieser sympathische Künstler häufig auch die schlichte Madonna ohne Handlung dargestellt. Sie hat kein Vorbild bei den Italienern, wenn es auch auf den ersten Blick so scheinen mag; sie ist viel einfacher, ohne jedes Pathos, ohne Pose. Gewöhnlich sitzt sie auf einer Steinbank und immer ganz von vorn; das Kind sitzt oder steht auf ihrem Schoße. Sie hat keine belebenden Zutaten, kein Buch, keinen Vogel, keinen ausführlichen Landschaftshintergrund, oft sogar nur eine schlichte, je nach der geforderten Farbenwirkung dunkle oder steingraue Wand. Sie selbst wirkt auf uns nur durch ihren geistigen Ausdruck und ihre wunderbaren Farben: das Kleid ist rot, rosa oder lila in allen Abstufungen, der Mantel, gewöhnlich nur Schoßdrapierung, blau. Dazu kommt noch Kopf- und Busentuch, und ein Fleisch, leuchtend und durchsichtig, alle Eindrücke des umgebenden Lichts zurückgebend und selbst gehoben durch die Hintergründe der Kleidung und der Luft. Unser fast unscheinbar einfaches Bild zeichnet sich aus durch die Leichtigkeit des Malwerks und einen zarten Silberton: kühles Grünblau und Blaßrosa auf steingrauem Grund. Der Blick ist, was bei dieser Form der Madonna sonst nicht vorkommt, nach oben gerichtet, der atmende Mund geöffnet, so daß man die Zähne sieht; das Kind hält den Rosenkranz. Das ist spanisch. Auch daß unter dem Kleide der Madonna kein Fuß der Allerheiligsten sichtbar wird; so forderte es der strengere Ritus des Kirchentums. — Das 1755 in Paris erworbene Bild war 1849 von drei Kugeln durchbohrt worden und wurde später von dem Dresdner Restaurator Schirmer gut wiederhergestellt.

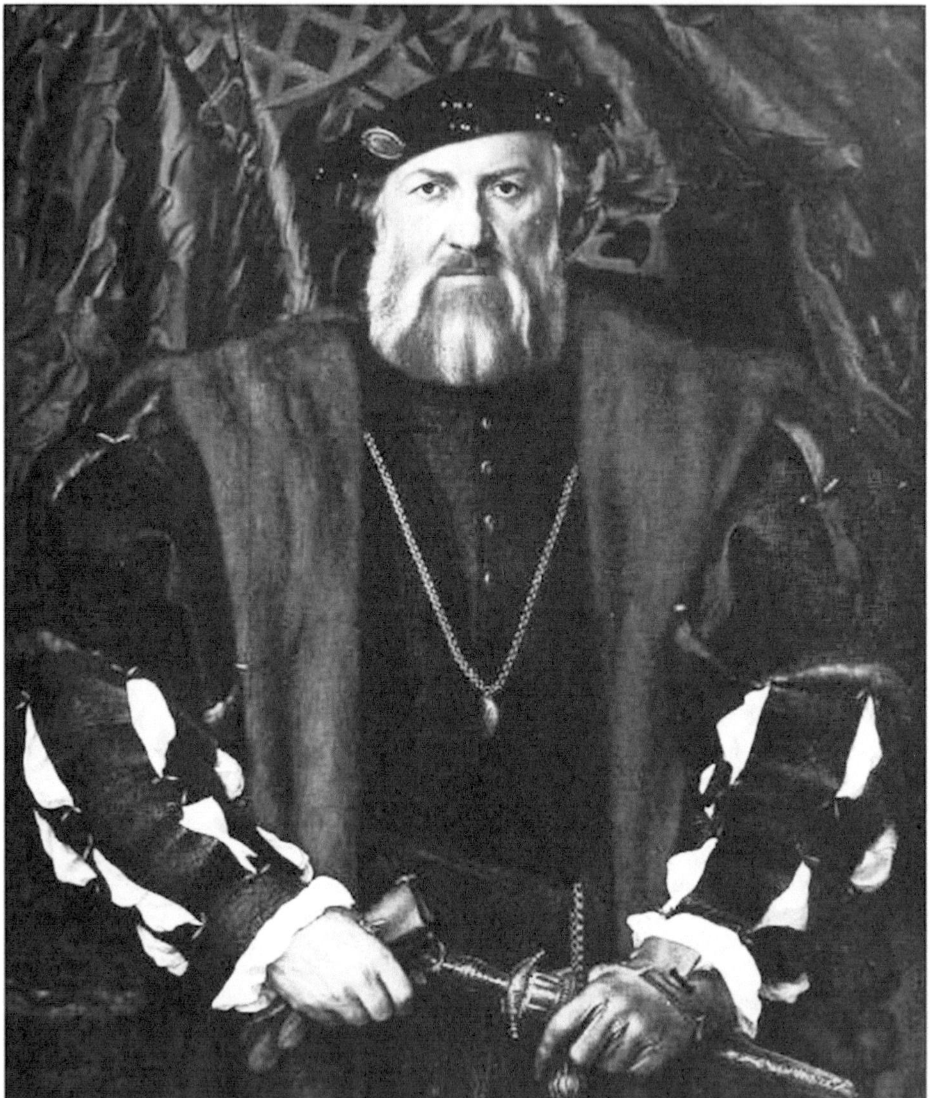

HANS HOLBEIN DER JÜNGERE 25

(1497—1543)

Bildnis des Morette

Wenn wir Holbein unter die größten Maler aller Zeiten rechnen, so gründen wir diese Schätzung auf seine Bildnisse, denn darin allein kann er uns vollkommen genügen. Er hat aber Konkurrenten, Raffael, Sebastiano del Piombo oder Tizian, um nur Zeitgenossen zu nennen, und er selbst hat eine so spröde Art, daß er erst gewonnen werden will. Denken wir an drei Holländer, die ein Jahrhundert nach ihm lebten. Der eine weiß so viel in seine Porträts zu legen, daß sie uns immer irgendwie interessieren, oft meinen wir ein ganzes Leben hinter einem solchen Gesichte zu lesen, aber es konnte vorkommen, daß die Dargestellten selbst sich nicht getroffen fanden; sie hatten eine plattere Vorstellung von dem, was Ähnlichkeit heißt, und ein Photograph hätte sie leichter befriedigen können als der nachdenkliche Rembrandt. Bei Frans Hals dagegen meinen wir immer, diese Ähnlichkeit müßte schlagend gewesen sein, so unwidersprechlich sehen uns seine Gesichter an. Manchmal vergnügt oder wenigstens heiter, wobei uns das joviale Temperament des Künstlers einfällt, dann aber auch wieder ernst und kalt und verdrossen, so daß wir uns sagen, in dem Falle sei es nicht anders gegangen. Immer haben wir den Eindruck, daß die Menschen dem Maler „gesessen" haben, und wir stellen uns deutlich den Moment der Aufnahme vor. Ganz anders Terborch. Eine korrekte, beinahe langweilige Ähnlichkeit, die teilnahmlose Unparteilichkeit, die jedem gegeben hat, was ihm zukommt. Nichts Dramatisches, Momentanes. So könnte dieser Mensch sein ganzes Leben ausgesehen haben, wenn das überhaupt möglich wäre. Dabei die höchste Vollkommenheit der Ausführung, alles ist gleichmäßig, nichts von den Überraschungen Rembrandts oder dem Pikanten des Frans Hals. Diesem Typus entspricht ein Holbein, wenn man berücksichtigt, was ein Unterschied von vier Menschenaltern für die Entwicklung des Malerischen ausmacht. Als Porträtmaler hat sich Holbein erst in England entwickelt, wo er eine Gelegenheit fand, wie sie ihm keine Stadt des Festlands hätte bieten können; die Anlage hatte er von seinem Vater her. Wenn er in seinen Holzschnitten oft etwas Lebendiges hat, so scheint es, als hätte er sich im Porträt von Anfang an die gleichmäßige Erscheinung als Ziel vorgesetzt. Er gibt niemals Bewegung oder einen interessanten Moment, wenigstens nicht auf seinen Gemälden. Die Handzeichnungen haben noch etwas davon. Etwas, was sprudelt und lebt, weil es uns da überrascht, von wie wenigen Strichen der Ausdruck abhängt, wie ja überhaupt gute Skizzen immer relativ lebendig wirken. Mit der Ausführung tritt der kühle Eindruck eines objektiven Bildes ein, das kaum noch Teilnahme erweckt. Wir bewundern nur die hohe Kunst, die es hervorgebracht hat. Während des ersten englischen Aufenthalts (1526 bis 1528) wird seine Auffassung etwas lebhafter, aber dann geht sie immer mehr in eine gemessene und zuletzt in eine auffallend kühle Haltung über. Malerisch, wie Rembrandt, wird er nie, die zeichnende Linie gilt ihm immer mehr als der Gegensatz von Licht und Schatten, und sie verliert sich niemals in den Augenblickswirkungen des Helldunkels. Je weniger wir über Holbeins innere Persönlichkeit wissen, desto mehr hat man aus der Art, wie er die Menschen darstellt, herauslesen wollen: das Phlegma des rechnenden Beobachters, oder die internationale Gleichgültigkeit des reislaufenden Schweizers, oder das Gefallen eines oberflächlichen Menschen an äußerer Pracht. Wir gestehen, daß uns die Art, wie er schöne Kleider malt, wie er dunkle Stoffe in breite Flächen legt und durch schwache Modellierung vertieft, während er über das Licht mit spitzer Sorgfalt ausgeführte Muster hinlaufen läßt, wie er harte Gegenstände, z. B. Geschmeide, behandelt und sie gegen weiche Stoffe absetzt, wie er Federn und menschliches Haar malt, daß uns dieses alles in der Regel mehr erfreut als ein Gesicht von ihm. Wir denken uns auch, daß die Erklärung dafür zum Teil wenigstens in der Kürze der Sitzung zu suchen sei, die oft gerade hinreichte zu einer Zeichnung, in die er dann noch Bemerkungen über Maße und Farben eintrug. Bedenken wir, daß er keine Gehilfen hatte wie hundert Jahre später van Dyck, so werden wir den Fleiß, der es auf etwa ein Hundert sorgfältig durchgeführter Bildnisse (die uns noch jetzt erhalten sind) brachte, kaum begreifen, und wir werden diese Tüchtigkeit gegenüber der nur zu oft flüchtigen Genialität eines van Dyck als eine gute Sache ansehen. Unser Bild aus Holbeins letzter Zeit stellt einen französischen Edelmann dar (nicht einen Goldschmied, wie man früher meinte), den Sieur de Morette. Die Stellung ist, wie häufig auf den Bildnissen dieser Periode, ganz von vorn genommen, breit und anspruchsvoll. Das kalte Gesicht hat den durchdringenden Blick auf den Beschauer gerichtet; der rötliche Bart ist schon grau durchzogen. Die dunkle Kleidung ist kostbar gediegen, dahinter ein grünseidener Wandvorhang, das Ganze von einer gesucht einfachen Pracht. Als das Bild mit der Sammlung von Modena nach Dresden kam, galt es für ein Werk des Lionardo da Vinci. Früher aber hatte es schon in Italien seinen rechtmäßigen Namen getragen, den es seit der Mitte des vorigen Jahrhunderts wieder führt.

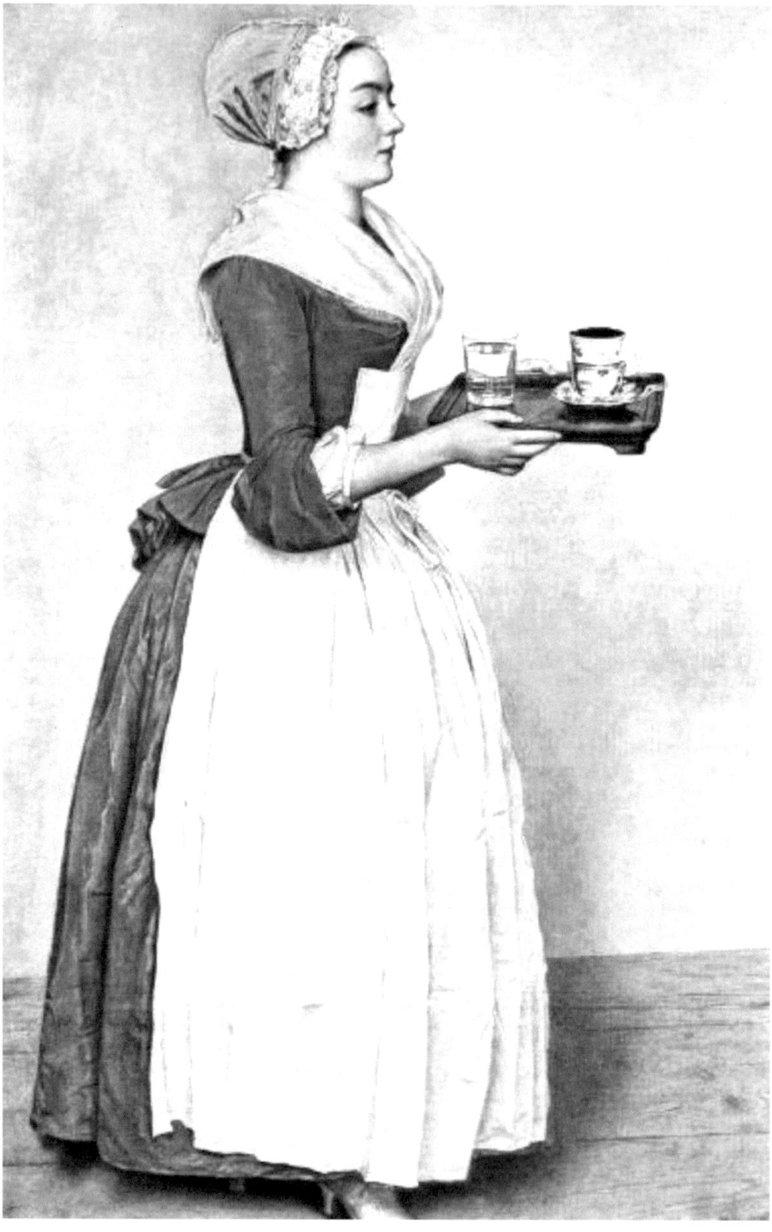

JEAN ÉTIENNE LIOTARD

(1702—1789)

Das Schokoladenmädchen

Zwei Bilder besitzt die Dresdener Galerie, die überall an passenden und unpassenden Stellen dem Fremden, wenn er die Kunststadt betreten hat, sozusagen als Wahrzeichen entgegenwinken. Das eine ist Raffaels Sixtinische Madonna, das andere Liotards Schokoladenmädchen, das beliebteste Stück der reichen Dresdener Pastellsammlung. Friedrichs des Grossen kunstverständiger Freund Algarotti kaufte es 1745 in Venedig. Zarter und edler hätte ein trivialer Gegenstand nicht wiedergegeben werden können; hier kann man von einer Idealisierung des Niedrigen reden. Es hätte nahe gelegen, die Kellnerin von vorne darzustellen, als sogenannte Offerte, wie solche Figuren bei Murillo und den Holländern in grosser Zahl vorkommen. Diese ist im Profil gegeben, ohne eine Spur von Koketterie, mit niedergewandtem Blick, bewegungslos. Die Zeichnung ist von der äussersten Feinheit, die Modellierung zart und gefällig, die Farbe zurückhaltend, vorwiegend blond. Liotard, ein Genfer von Geburt, durch seine künstlerische Erziehung zum Franzosen geworden, war in den meisten europäischen Hauptstädten tätig. Seine Gattung ist bescheiden und sie wurde schon um der Pastelltechnik willen von den Akademikern seiner Zeit nicht für voll gerechnet. Es gibt von ihm eine grössere Zahl zum Teil vortrefflicher Bildnisse, auch kleine Mythologien und Genrebilder, die meisten im Amsterdamer Reichsmuseum. Unser Schokoladenmädchen ist ein Sittenbild nach einem unbekannten Modell, „ein Stubenmensch“ heisst sie in den Akten.

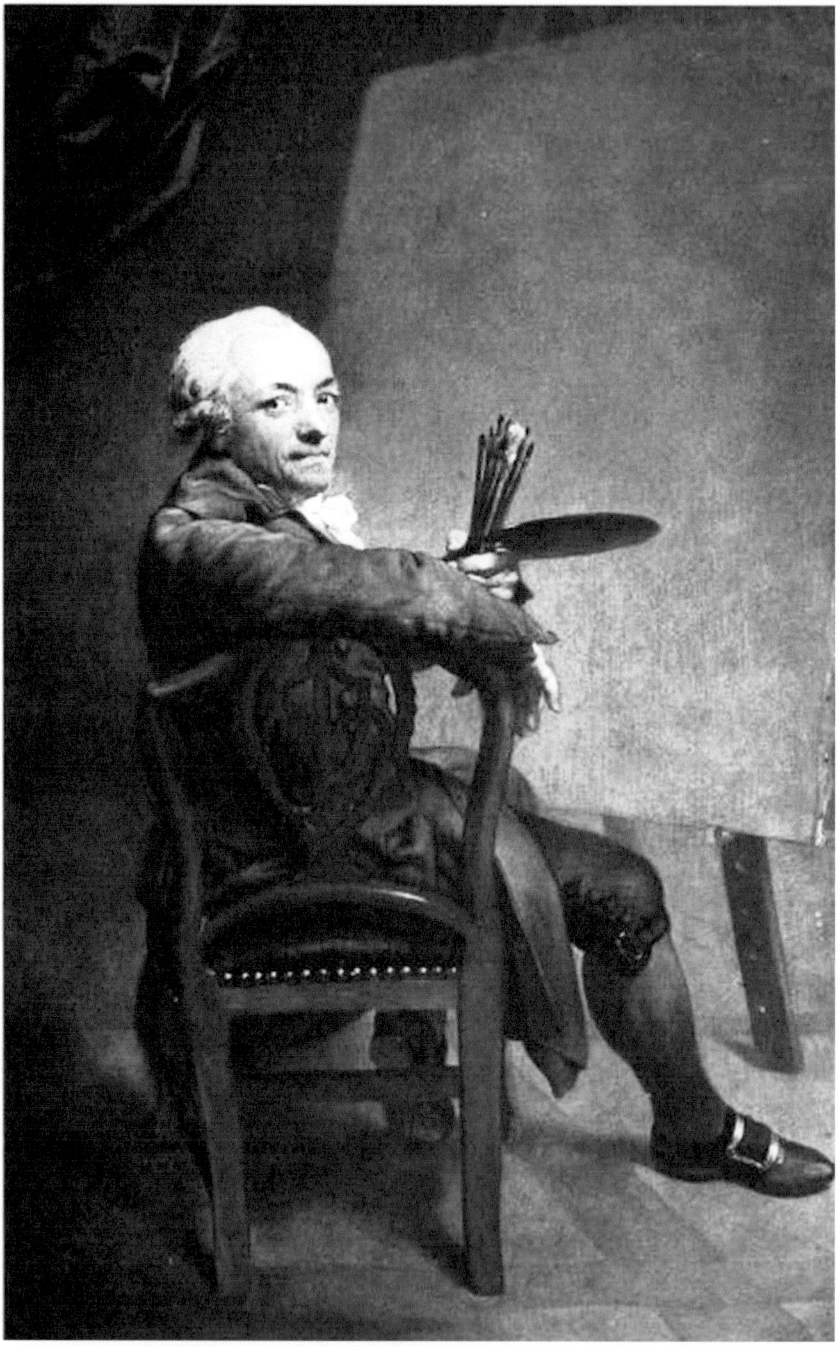

ANTON GRAFF

(1736—1813)

Selbstbildnis in ganzer Gestalt

Bei dem gänzlichen Niedergang der deutschen Malerei im achtzehnten Jahrhundert sind es nur noch die Porträtmaler, die Beachtung verdienen, weil sie allein etwas Eignes wiedergeben, die Erscheinung ihrer Zeit in ihren Menschen. Neben der herrschenden französischen Bildnismalerei, die für die vornehme Welt maßgebend bleibt, hat sich eine schlichtere Porträtkunst für die bürgerlichen Kreise entwickelt, deren fruchtbarster Vertreter der tüchtige Anton Graff aus Winterthur ist. Er hatte zuerst in Süddeutschland gearbeitet und lebte seit 1766 in Dresden als Lehrer und seit 1789 als Professor der Kunstakademie. Dort und zeitweilig in Berlin entfaltete er eine umfangreiche Tätigkeit. Er hat eine große Anzahl der Berühmtheiten seiner Zeit porträtiert, Dichter, Gelehrte und angesehene Geschäftsleute; er selbst gab sein Werk auf 1240 Stücke an, von denen jetzt noch gegen 300 nachweisbar sind. Die Dresdner Galerie besitzt 17. Graffs Auffassung ist im Gegensatz zu der barockmäßigen Pose der französierenden Porträtkunst einfach natürlich, mit einem Zug in das Biedere, seine Maltechnik die der guten, alten Zeit. Seltsam muten uns heute die rosigen Gesichter an, namentlich bei bejahrten Leuten, offenbar ein Zugeständnis an den Geschmack der Zeit. Man war ja nun einmal gewöhnt an geschminkte Backen, die zu dem weiß gepuderten Haar so gut standen. Das hier mitgeteilte Selbstbildnis des Achtundfünfzigjährigen ist ein in jeder Hinsicht ausgezeichnetes Werk, höchst gelungen in der lässig freien Haltung des quer über den Stuhl gesetzten Körpers mit seinem sprechenden, dem Beschauer zugewandten Gesicht. Die Figur ist plastisch durchmodelliert und zugleich mit ausdrucksvollen Umrissen silhouettenartig gegen die helle Wand abgesetzt. Dazu kommen die gefällige Einfügung in den Raum und eine fein abgestimmte Harmonie der Farben.

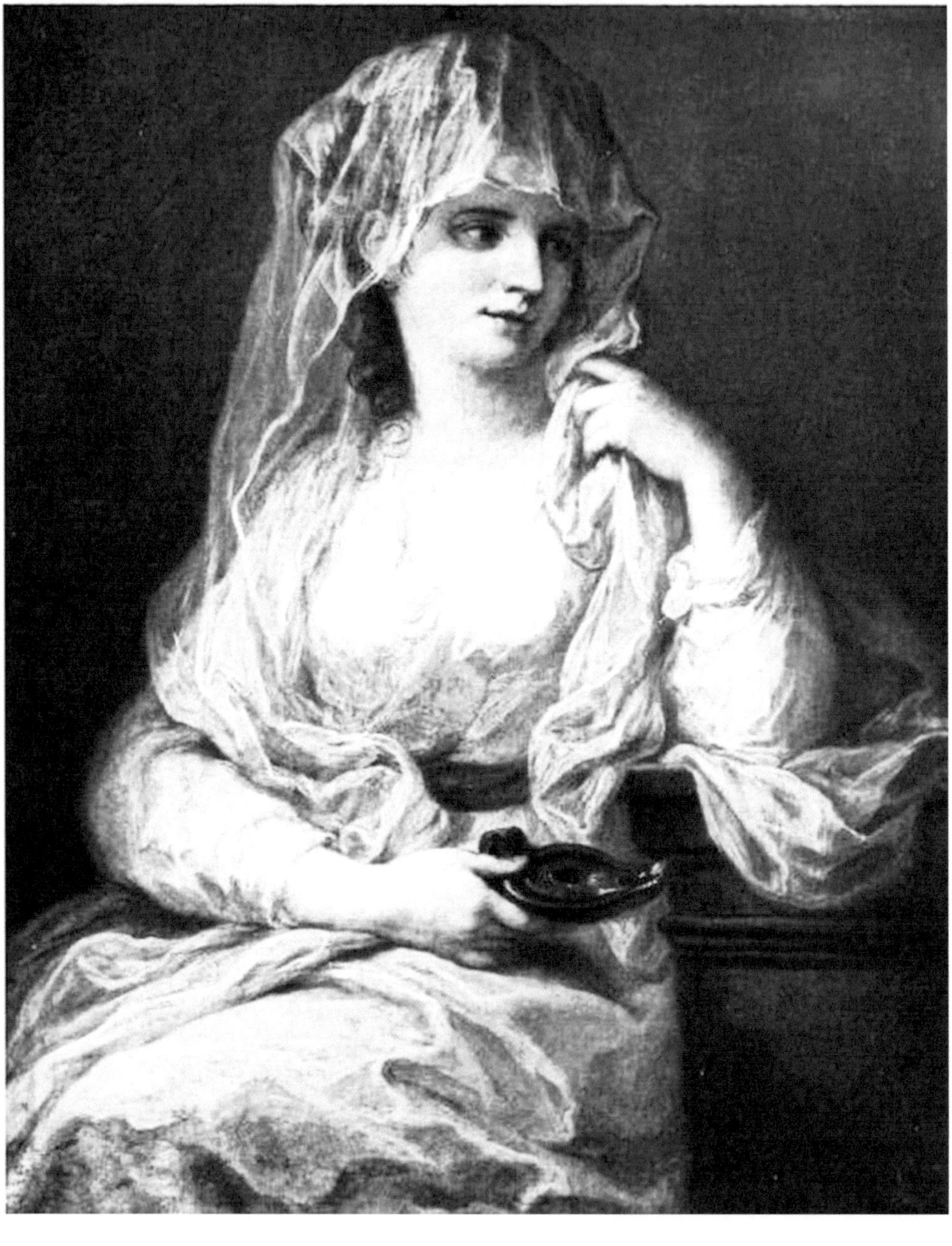

ANGELICA KAUFFMANN

(1741—1807)

Weibliches Bildnis als Vestalin

Die Dame sitzt ganz in Weiss gekleidet mit über die Stirn gezogenem Schleier vor einer antikisierenden Brüstung, auf die sie den linken Arm stützt; die rechte Hand hält eine römische Lampe. Die Künstlerin dieses feinen Bildnisses war in Chur in Graubünden geboren, sie kam früh nach Italien, lebte dann von 1766 bis 1781 in England und kehrte schliesslich wieder nach Italien zurück. Goethe lernte sie in Rom kennen und feierte ihre Kunst in Worten, die wir aus der Richtung seines späteren Kunstgeschmackes verstehen. Die Zeit, die ihm darin beistimmte, ist längst dahin. Die antike Einkleidung, ein Nachhall des italienischen Eklektizismus, der auf die Hochrenaissance folgte, mutet uns heute fremdartig und kühl an. Aber die künstlerische Haltung und die Höhe der Technik müssen wir schätzen, wie bei ihrem italienischen Zeitgenossen Batoni (Nr. 43), und Angelica Kauffmann gehört auf jeden Fall zu den wenigen Frauen, die die Kunstgeschichte nicht vergessen wird. Die Dresdner Galerie besitzt noch als Gegenstück zu der Vestalin eine weniger anziehende Sibylle in farbiger Kleidung. Beide Bilder wurden 1782 erworben.

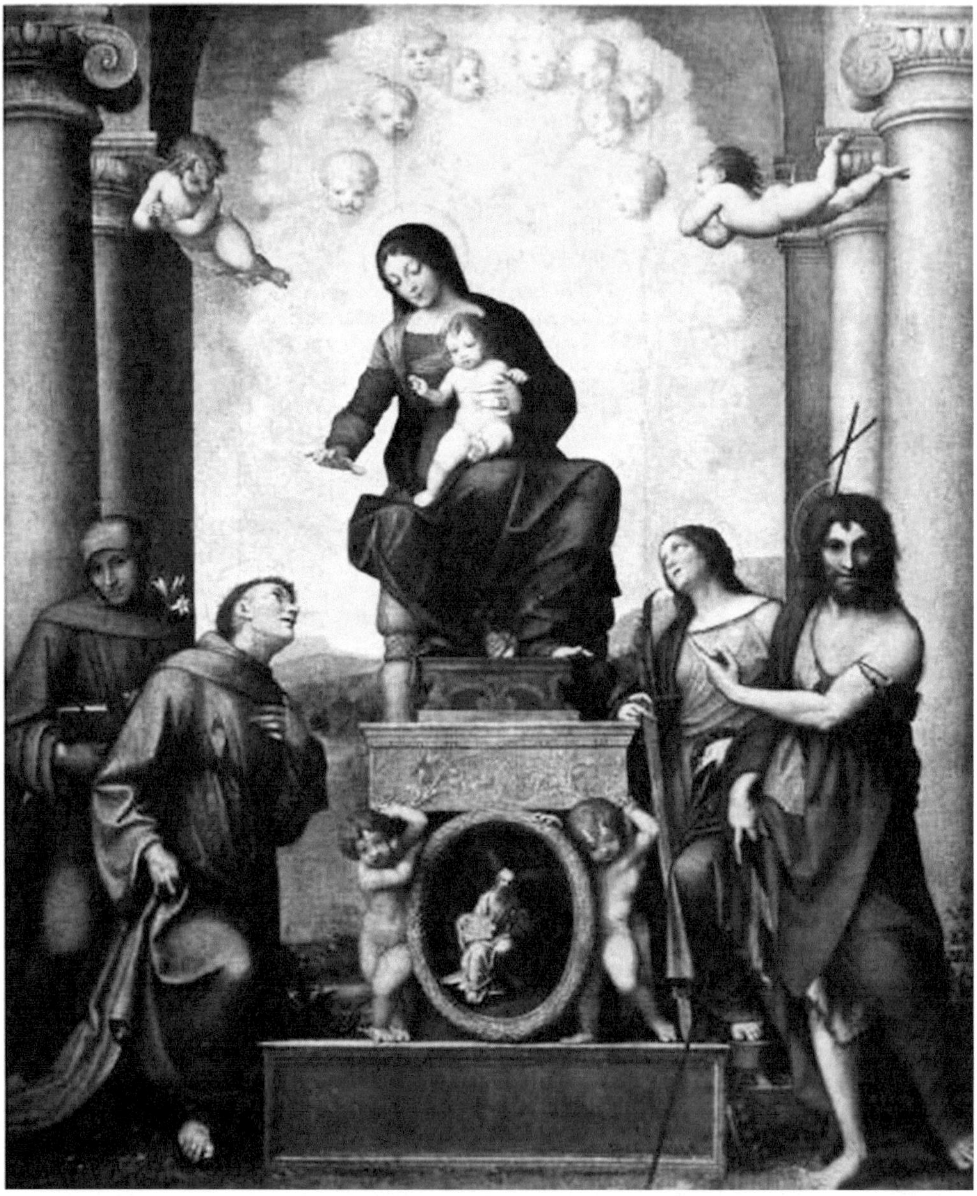

ANTONIO ALLEGRI DA CORREGGIO 29

(1494—1534)

Die Madonna des h. Franziskus

Von den vier großen Kirchentafeln Correggios, die die Dresdner Galerie besitzt, ist die Heilige Nacht die berühmteste, aber ihre Farbenwirkung ist durch die Unbilden der Zeit und durch Übermalungen zerstört. Wertvoller durch ihre gute Erhaltung, steht die Madonna des heiligen Franz künstlerisch auf der gleichen Höhe, und als frühestes Hauptwerk des Meisters hat sie noch unser ganz besonderes Interesse. Als Correggio das Altarbild an das Minoritenkloster seines Geburtsortes ablieferte, war er zwanzig Jahre alt, zwei Jahre jünger als Raffael war zu der Zeit, wo er das Sposalizio vollendet hatte. Mindestens ebenso selbständig wie Raffael steht hier Correggio seinen Vorgängern gegenüber. Das Bild hat die ganze Frische einer Jugendleistung. Man empfindet das an den ihm eigentümlichen Schönheiten: den beiden höchst individuellen Putten, die das Schild mit dem Bilde Mosis halten, und den zwei andern, die frei über der Madonna schweben. Sie sowohl wie die Glorie der Engelköpfe in den Wolken deuten schon auf den ausgebildeten Stil Correggios hin. Der Thron in seinem Aufbau und mit seinen Zierformen und Reliefs ist ferraresisch, ebenso die feste plastische Modellierung der Figuren. In den nahegelegenen Städten Bologna und Ferrara konnte er viele Werke der Schule sehen, und bei einem ihrer Hauptmeister, Lorenzo Costa, der damals in Mantua lebte, hatte er einige Jahre gearbeitet. An Costa erinnert uns der liebliche Gesichtsausdruck der Heiligen, und die Köpfe des Franz und der Katharina könnte beinahe Francesco Francia gemalt haben, der ebenfalls ein Lehrling Costas war. Aber die Verkürzungen und die Bewegungen namentlich an dem Kopfe des Franz und an der Madonna verraten uns den Einfluß eines noch Größeren: Mantegnas. Und die Beseelung der Köpfe überhaupt, sowie die Behandlung der Luft und des Lichtes, vollends die Wirkung der Lichtführung, wodurch unser Auge von den beschatteten Gestalten unten allmählich aufwärts geleitet wird, wo die Madonna thront in lichten, weiten Räumen — das alles weist doch noch über Mantegna hinaus und auf jemand, für den Licht und Farbe noch mehr Bedeutung hatten, nämlich auf Lionardo da Vinci. Auf ihn deutet endlich das bewegte Spiel der Hände, und entschieden lionardesk ist der Kopf des Täufers Johannes, in dessen zeigender Gebärde sich noch eine Reminiszenz an das Quattrocento erhalten hat. Alles auf diesem herrlichen Bilde ist Ernst und Studium, nichts Routine. Darin liegt sein immer wieder neuer Reiz. Man darf sagen, daß es, wie wohl kein zweites, den Übergang der Frührenaissance in die Hochrenaissance uns lebendig macht.

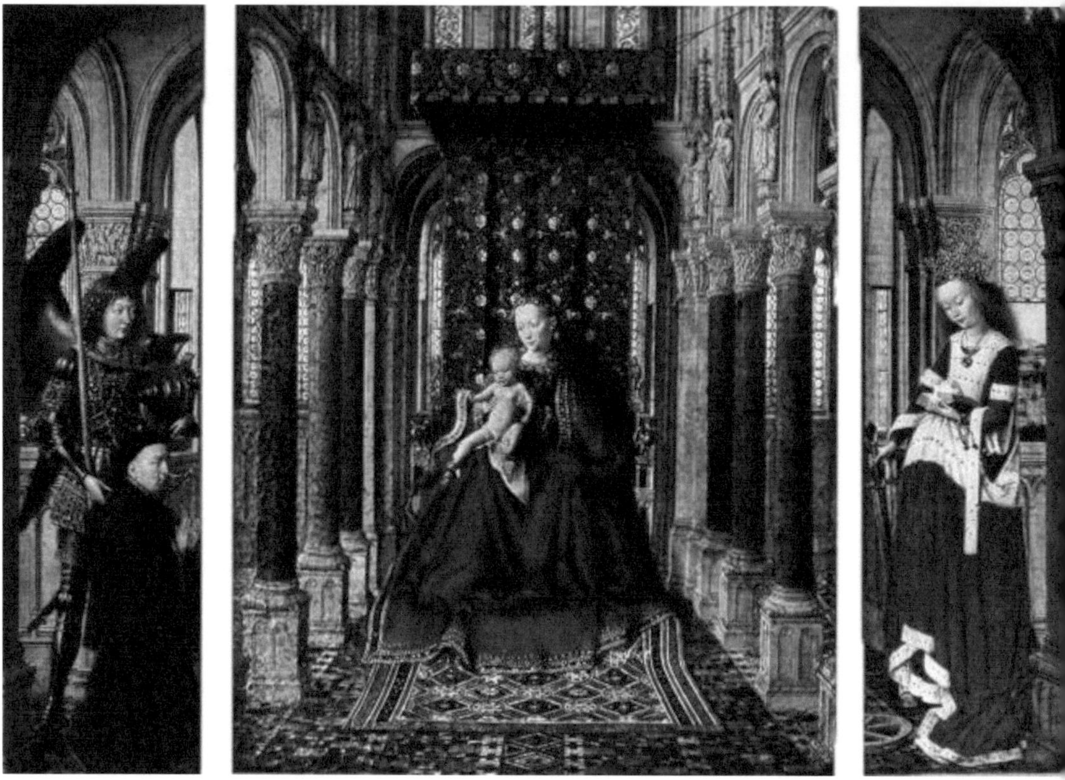

JAN VAN EYCK

(um 1390 bis 1441)

Ein Flügelaltärchen

Das großartige Hauptwerk der altniederländischen Malerei, der Genter Flügelaltar, wurde nach Hubert van Eycks Tode 1426 von dem jüngeren Bruder Jan übernommen und 1432 vollendet. Dieser malte dann weiter selbständig eine mäßige Anzahl noch erhaltener Bilder, Porträts und Altartafeln, diese meist von geringem Umfange. Er muß ein Weltmann gewesen sein, ein kühler, ruhiger Beobachter, brauchbar zu vielerlei Geschäften, und seit 1425 stand er als „varlet de chambre" in Diensten Herzog Philipps des Guten von Burgund. Man merkt an ihm nichts von einem höhern Fluge der Phantasie, auch keine Weichheit oder Innigkeit, etwa in der Auffassung des Weiblichen, auf seinen kleinen Madonnenbildern. Bei ihm ist alles Kunst, er sucht und findet technische Probleme, schwierige Perspektiven, Licht- und Farbenwirkungen, ein Feinmaler im höchsten Sinne des Wortes. Die sicherste und genaueste Zeichnung wird von dem Schmelz des sorgsam vertriebenen Auftrags gedeckt und umspielt von einem Helldunkel, über das er Meister ist. Und er wußte das; seine Bilder enthalten zuweilen den Wahlspruch: „Als ich kann". Der für eine Kapelle oder auch für die Reise bestimmte Flügelaltar, dessen innere Seiten hier in halber Originalgröße abgebildet sind, befand sich einst vielleicht im Besitze des Bankiers Jabach in Paris; in den Verzeichnissen der Dresdner Sammlung erscheint er zuerst 1765. Von den beiden Wappen in der Umrahmung der Flügel ist eins als das der genuesischen Familie Giustiniani festgestellt worden. Maria sitzt im Chor einer Rundbogenkirche unter grün gemustertem Thronhimmel auf einem bunten Teppich. In den Seitenschiffen stehen Michael mit dem knieenden Stifter und Katharina mit dem Rade zu ihren Füßen. Die fein gezeichneten Figuren, die anmutigen weiblichen Köpfe im Schmucke der weichgemalten Haare und die leuchtenden Farben der Gewänder (Marias Mantel ist von Bendemann erneut), sowie die wundervolle Architektur machen es zweifellos, daß wir hier ein eigenhändiges Werk des Jan van Eyck vor uns haben. Es nimmt unter seinen kleineren Arbeiten einen hervorragenden Platz ein.

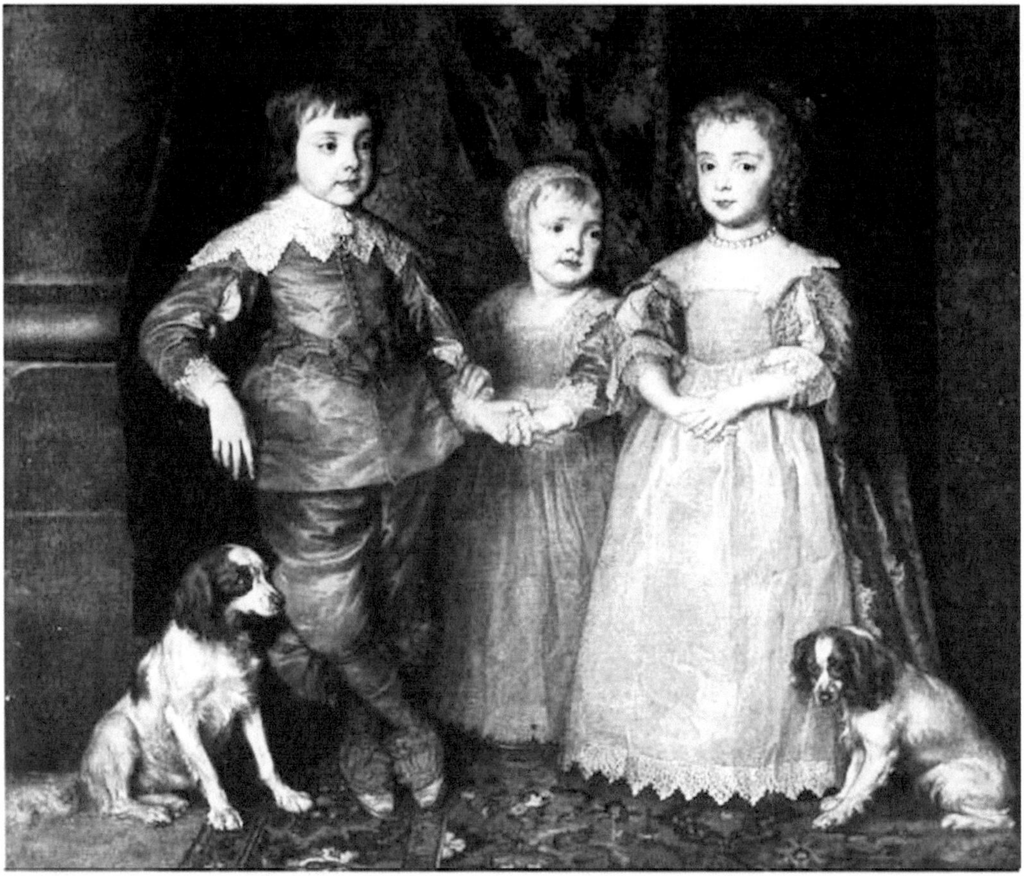

ANTONIUS VAN DYCK

(1599—1641)

Die Kinder Karls I.

Unter den großen Bildnismalern der Vergangenheit stehen die zwei Romanen Tizian und Velazquez zwei reinen Germanen gegenüber, Frans Hals und Rembrandt; diese haben das bürgerliche Holland gemalt, jene die vornehmere Welt Südeuropas bis hinauf zu den Fürsten und Königen. Der Antwerpener van Dyck ist als Künstler genommen ein halber Romane, ein Nachfolger von Tizian und Paolo Veronese. Er malt ebenfalls hauptsächlich Menschen der höhern Gesellschaftsklasse, genuesische Nobili und englische Aristokraten, und die Erscheinung der Niedriggeborenen weiß er angemessen zu steigern. Bei Tizian wäre es schwer zu sagen, welchem Geschlecht seine Kunst die vollkommenern Leistungen abgewonnen hat; die stolze und kühle Art des Velazquez kommt am meisten in seinen Männerbildnissen zur Geltung; van Dyck ist seinem Wesen nach zu allererst ein Maler der Frauen, auch seine Männer sind meistens in das Weiche und Weibliche verfeinert, wobei nicht selten schon ihr natürlicher Charakter seiner Auffassung ein gutes Stück entgegengekommen ist. Seine Bildnisse sind nach ihrem geistigen Gehalt und in der Art ihrer Ausführung sehr verschieden. Ihre Menge würde bei seiner nur vierzigjährigen Lebensdauer ohne die Mitarbeit zahlreicher Schüler und Gehilfen nicht zu begreifen sein, und namentlich während seiner letzten Periode in England macht sich das Fabrikmäßige in seiner Produktion stark geltend. Das unterscheidet ihn von Tizian und Velazquez, die sich bis zuletzt auf ihrer Höhe gehalten haben. Von den Gruppenbildern der Kinder des Königs Karl I. kann nur eines als eigenhändig gelten, das schönste und früheste, im Museum zu Turin: der älteste Prinz, der spätere Karl II., steht neben einem großen Hühnerhunde, er trägt noch Mädchentracht und ist etwa fünfjährig, das Bild ist also 1635 gemalt, und diese Jahrzahl findet sich auf einer Wiederholung. Auf unserm Dresdner Bilde, ebenfalls mit drei Kindern, hat der Prinz Beinkleider an, seine Geschwister sind etwas größer geworden, und alle drei sind von zwei Wachtelhunden (King Charles) flankiert. Die Kleider sind farbiger, und auch sonst hat das Bild mehr Lokalfarbe als jenes und im ganzen einen warmen Ton. Wiederholungen finden sich im Louvre (mit nur einem Hunde links), in Windsor und in Grove Park, diese mit der Jahrzahl 1635, aber die Darstellung muß um 1636 entstanden sein. Eine dritte, völlig neue Komposition, mit noch zwei jüngeren Kindern, haben wir auf zwei 1637 datierten Bildern in Berlin und in Windsor. Alle sind bessere Werkstattarbeiten, wie ein Vergleich mit eigenhändigen Porträts von van Dyck zweifellos dartut.

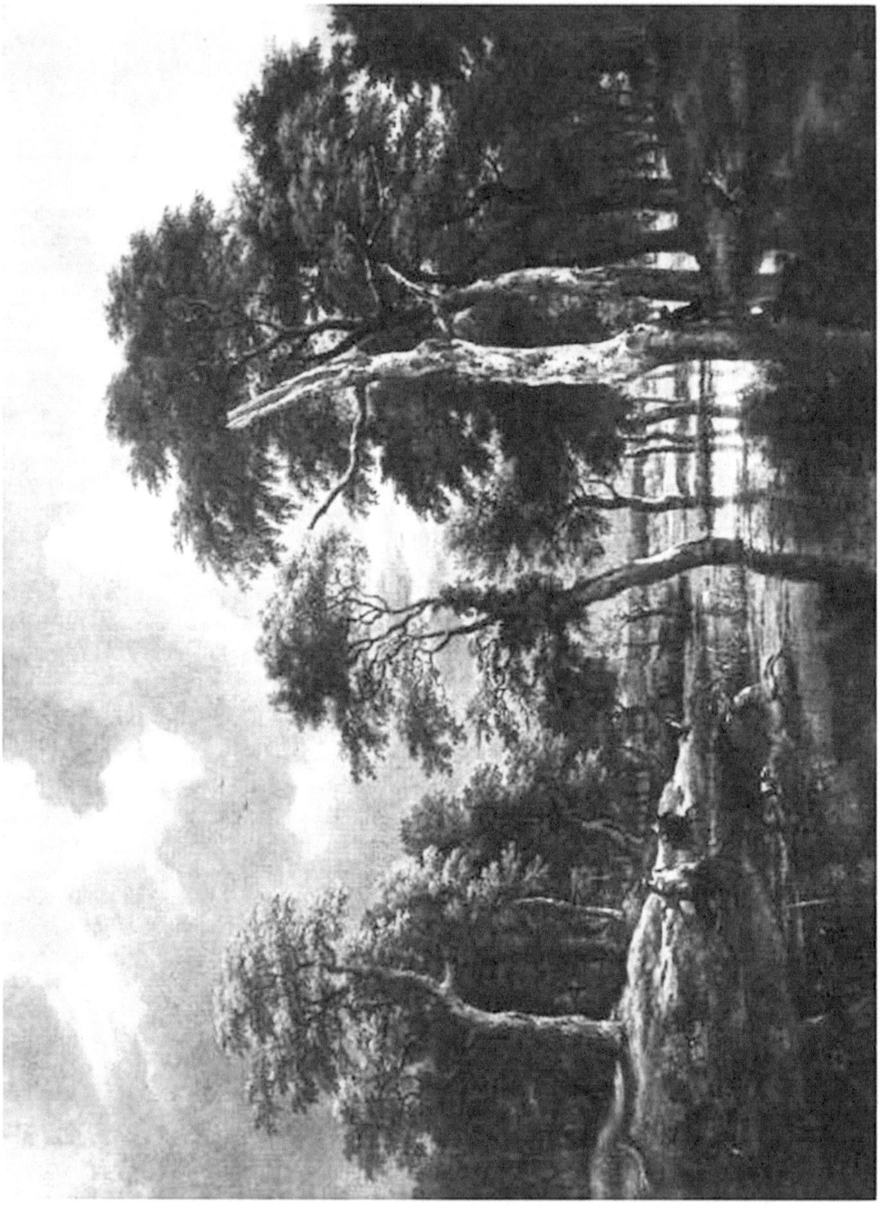

JACOB VAN RUISDAEL

(1628/9—1682)

Die Jagd

Jacob van Ruisdael aus Haarlem, der Schüler seines Oheims Salomon (der seinen Namen mit einem y schreibt), zog 1657 nach Amsterdam und starb arm und verlassen in einem Versorgungshaus seiner Vaterstadt, wohin er ein Jahr vor seinem Tode hatte zurückkehren müssen. Der grösste holländische Landschaftsmaler hatte im Leben keinen Erfolg, nicht einmal das bescheidene Glück seines Oheims, der dieselbe heimatliche Richtung in der Landschaft verfolgte und in Haarlem sein gutes Auskommen hatte, während viel geringere Talente, die der italienischen Manier nachgingen, mit leichter Mühe sich die Gunst der Zeit gewannen. Erst lange nach Ruisdaels Tode ist ihm unter dem Einfluss der englischen Liebhaber sowie Goethes und unserer deutschen Romantiker, die künstlerische Schätzung zuteil geworden, an der der historisch gebildete Betrachter wohl noch im wesentlichen festhalten wird, wenn es auch heute für unmodern gelten mag, Ruisdael noch für einen guten Maler zu erklären. Für einen Spezialisten der Landschaft, wie er doch im Gegensatz zu Rembrandt, dem Delfter van der Meer oder Aalbert Cuyp angesehen werden muss, ist er zunächst sehr vielseitig: er malt Dünenansichten, Wasser und Wald, nordische Wasserfälle, die er, ohne sie gesehen zu haben, dem Zeitgeschmack zuliebe komponiert, Stadtansichten, Plätze mit Architektur, Strandbilder und sogar vortreffliche Seestücke. Seltsamerweise erlässt er sich die Zeichnung der Figuren, die beinahe alle bedeutenden Landschafter ausser Wynants, z. B. sein Oheim Salomon, Goyen und van der Neer, selbst auf sich genommen haben; die Staffage lieferten ihm auf seinen Haarlemer Bildern sein Landsmann Wouverman, später der Amsterdamer Adriaen van de Velde und andere. Höher als seine zum teil sehr berühmten komponierten Bilder grösseren Umfangs stehen uns heute die kleineren, porträtmässigen Darstellungen der von ihm gesehenen Natur, die Dünenbilder seiner früheren Zeit, die Ansichten von Haarlem und seine schlichten, ernsten Waldlandschaften. Hier genügt er uns auch in der einzelnen Naturwahrheit am meisten, und vor allem spricht sich in ihnen sein geistiges Eigentum am vollkommensten aus: die Beseelung des Naturlebens durch eine tief poetische, ernste, manchmal sehr melancholische Stimmung, in deren Wirkung er es mit jedem späteren Künstler aufnehmen kann. Unser Dresdner Bild von mittlerem Umfange ist eine wirkliche Landschaft seiner späteren Zeit, natürlicher Buchenwald mit einem übergetretenen Sumpf in einer für Ruisdael ziemlich hellen Beleuchtung. Das Grün der Bäume ist nachgedunkelt. Die Figuren hat Adriaen van de Velde hineingesetzt.

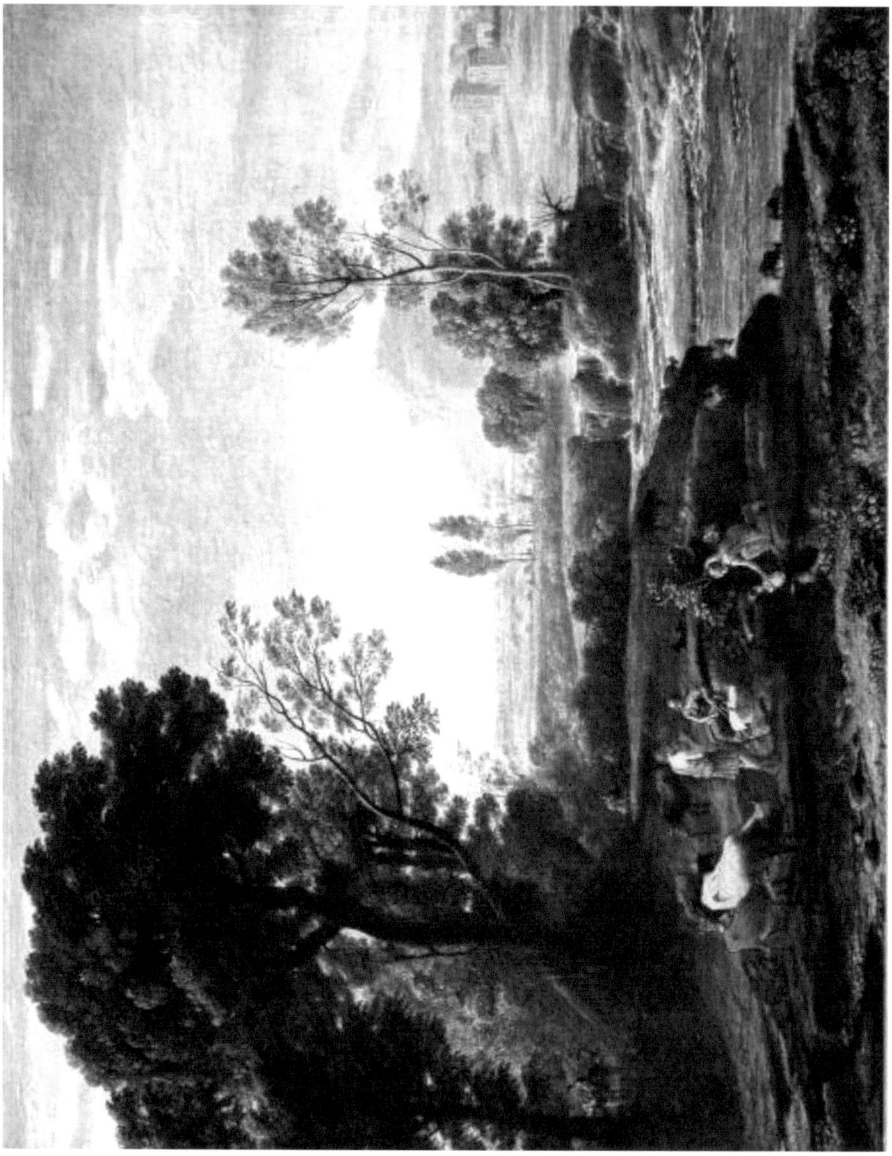

CLAUDE LORRAIN

(1600—1682)

Landschaft mit der Flucht nach Ägypten

Poussins jüngerer Landsmann, der Lothringer Claude Gellée, war seit 1627 in Rom ansässig, wo er sich zuerst 1639 mit zwei bedeutenderen Bildern gezeigt hat, die er für den Papst Urban VIII. lieferte. Er gibt uns wie Poussin mittelitalienische Landschaft, aber nicht das Gebirge mit seinen großen Linien, sondern offene und manchmal ganz flache Gegend, mehr Bäume und Pflanzen und besonders reichlich die Zeichen der menschlichen Kulturarbeit, Wasserleitungsbogen und Brücken, Paläste und Tempel, oft auch eine so ausführliche Staffage von Menschen und Tieren, daß viele dieser Bilder darnach benannt zu werden pflegen. In seiner etwas künstlichen Komposition bedient er sich kulissenartig vorgeschobener Baumgruppen oder Bauwerke zur Einrahmung des Vordergrundes und zur Aufklärung der Mitte. Der Eindruck kann sehr feierlich sein, aber im ganzen und im Vergleich mit dem Charakter eines Poussin ist er mehr idyllisch, weniger heroisch. Die Naturwahrheit in den einzelnen Dingen ist nicht sehr groß, aber für die Absichten dieser Kunst, die kein Porträt, sondern eine dichterische Umschreibung der Natur liefern will, reicht dieser zurückgehaltene Realismus aus, und ein Mehr würde nur zudringlich wirken. Dazu kommt das Abbild des heiteren, südlichen Himmels und eine Poesie des Lichts, in der Claude einzig ist. Die Bilder seiner frühern Zeit haben eine kräftigere Zeichnung und ausgesprochene Lokalfarben, daneben ein stark aufgetragenes Braun, das dem Ganzen eine warme Färbung mitteilt. Daraus wachsen feinere Töne hervor, sie gewinnen allmählich die Oberhand über die Lokalfarben und ergeben den sogenannten Goldton dieser seiner ersten Manier, neben dem das tiefere Braun einzelner Teile, namentlich des Vordergrundes, immer noch mitspricht. Um 1650 klärt sich die Gruppierung zu reineren Linien, und die Farbe geht in ein kühles Silbergrau über, in dem einzelne warme Nuancen und kräftigere Lokaltöne stehen bleiben. Dieser zweiten Periode gehört eine größere Zahl seiner Ansichten südlicher Häfen an, die gewöhnlich durch eine ungemein reiche Staffage belebt sind. Überhaupt bestimmt jetzt das Wasser bei Claude immer mehr die Wirkung, und oft geht der Blick auf das offene Meer, dessen spiegelglatte oder leicht gekräuselte Fläche zugleich mit dem wechselvollen Spiel des Sonnenlichts niemals, möchte man sagen, schöner dargestellt worden ist. Im Angesicht solcher Bilder vergißt der Betrachtende die nachprüfende Kritik und überläßt sich den sehnsuchtweckenden Eindrücken einer Poetik, die ihn mit sich zieht, indem sie ihm etwas Schöneres verspricht, als ihm die wirkliche Welt geben könnte. Gute Bilder Claudes sind in den deutschen Sammlungen selten. Die Dresdner Galerie besitzt zwei, ein Meerbild mit mythologischen Figuren aus seiner zweiten Periode (1657) und die hier mitgeteilte römische Landschaft im Charakter seiner ersten Manier (1647). In reicher Gliederung zieht sich die Komposition von der Baumkulisse des linken Mittelgrundes aus nach rechts, in übereinander liegenden Horizontallinien, die von unten her gesehen das Gelände in einzelne Pläne zerlegen. Ganz vorn sehen wir eine Viehtränke mit einer Quelle und Hirten in antiker Tracht, dann einen Wasserfall, weiter hinauf andre Wasserflächen, darüber links eine Bogenbrücke und rechts am jenseitigen Ufer eine Ortschaft unter verschwimmenden Bergen. Die bis auf die komische Ziegengymnastik gelungene Staffage könnte von dem Flandrer Jan Miel sein. Claude pflegte seine Figuren nur andeutend einzuzeichnen und ließ sie dann von andern ausführen, ein Verfahren, das sich keineswegs immer so gut bewährt hat wie auf diesem Bilde. Neuere Kenner finden Claudes Bilder überhaupt schlecht gemalt. Uns dünkt, wir dürfen zufrieden sein, daß er noch etwas andres gewesen ist, als was man heute einen guten Maler nennt.

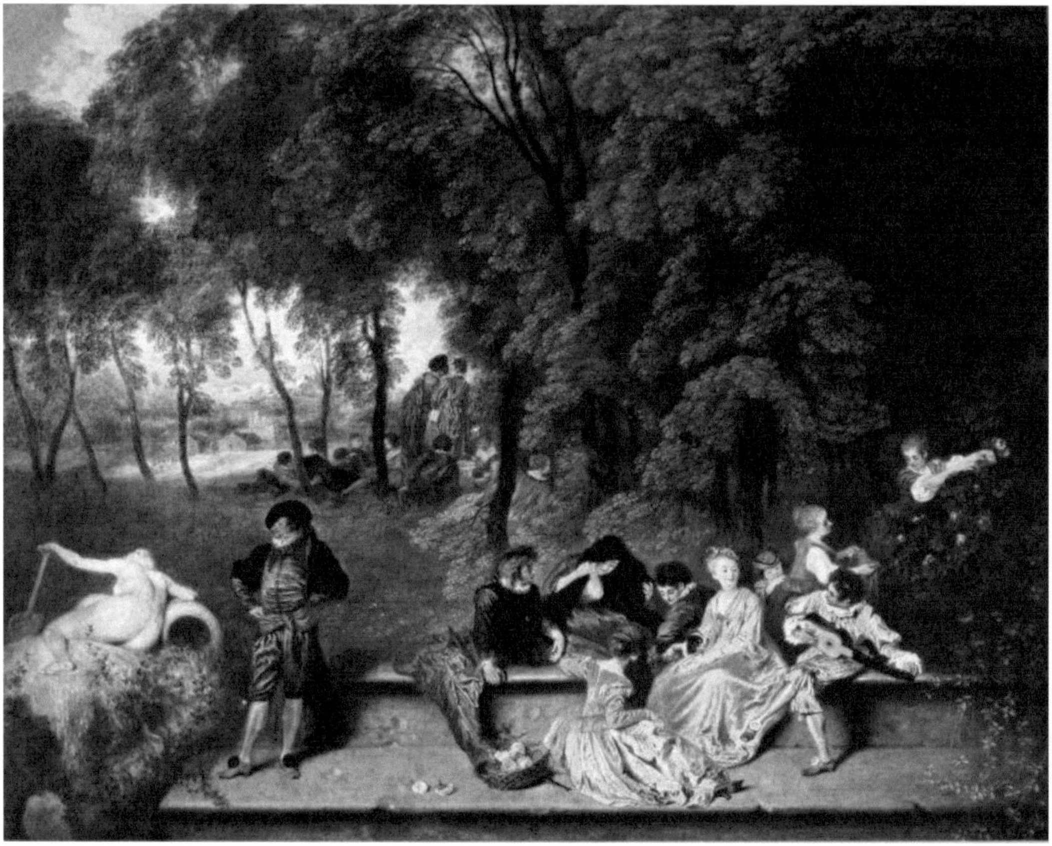

ANTOINE WATTEAU

(1684—1721)

Gesellige Unterhaltung im Freien

Watteaus Name bedeutet ein Zeitalter. Für die Entwicklung der Kunst liegt in seinen Bildern eine ganze Richtung beschlossen: das Rokoko, — und dazu ist er als Maler dieser kleinen Bilder der vollkommenste Künstler des ganzen achtzehnten Jahrhunderts gewesen. Die Herrschaft des französischen Geschmacks über Europa, die die Maler Ludwigs XIV. vorbereitet hatten (Nr. 1), war nun entschieden. Diese leichte Grazie der Bewegungen im Schimmer der aus weichem Duft aufsteigenden Farben war unwiderstehlich. In seinen Bildern richtete sich der aus dem einstmals niederländischen Valenciennes stammende Watteau hauptsächlich nach Teniers und Rubens. Das Entscheidende war aber doch, daß dieser kränkliche kleine Dekorationsmaler, der schon mit sechsunddreißig Jahren starb, einen so wunderbar fein entwickelten Sinn nach Paris mitbrachte für das, was die französische Gesellschaft damals wollte, daß er sich verstand auf ihre Kleider und Möbel und auf alle ihre Lebenswünsche einging, und daß er nun ihre galanten Feste malen konnte, die Konzerte, Tänze, Hochzeiten und Theateraufführungen, das ganze Schäferleben in Seide und Spitzen, alles im Freien und eins immer noch schöner als das andre. Watteaus Blüte tritt mit dem Beginn seines zweiten Pariser Aufenthalts ein, um 1711, noch in den Tagen Ludwigs XIV. Sie ist kurz. Seine Nachfolger Lancret und vollends Pater — beide kann man ebenfalls in der Dresdner Galerie kennen lernen — haben schon nicht mehr seine Frische, seinen Geist und die Feinheit seiner Zeichnung. Bilder von Watteau sind außerhalb Frankreichs selten; nur der deutsche Kaiser besitzt eine beträchtliche Zahl aus der ehemaligen Sammlung Friedrichs des Großen. In der Dresdner Galerie befanden sich schon vor 1753 zwei feine Gegenstücke mäßigen Umfangs, deren Farben nur etwas abgeblaßt sind. Das hier mitgeteilte ist ausgezeichnet durch die gefällige und leichte Komposition, eine Verbindung der Figuren mit der Landschaft, darin es Watteau mit den größten Malern aller Zeiten aufnimmt. Vorn die langgestreckte Hauptgruppe. Von ihr abgesondert der jene Gartenfigur betrachtende Kavalier. Weiter oben die im Mittelpunkt gelagerte Gesellschaft, aus der sich ein Paar waldeinwärts entfernt. Ganz hinten eine Meierei mit einer Wassermühle. Unter diesen Bäumen leben, in dieser sonnigen Luft atmen, und in solchen Kleidern, ist das nicht noch schöner als die Wirklichkeit? Dieser geistvolle Zeichner hatte nicht bloß die Gabe, neue Moden zu erfinden, sondern auch noch etwas von der Phantasie eines Dichters, die vergolden kann und die nicht für ihre Zeit allein schafft!

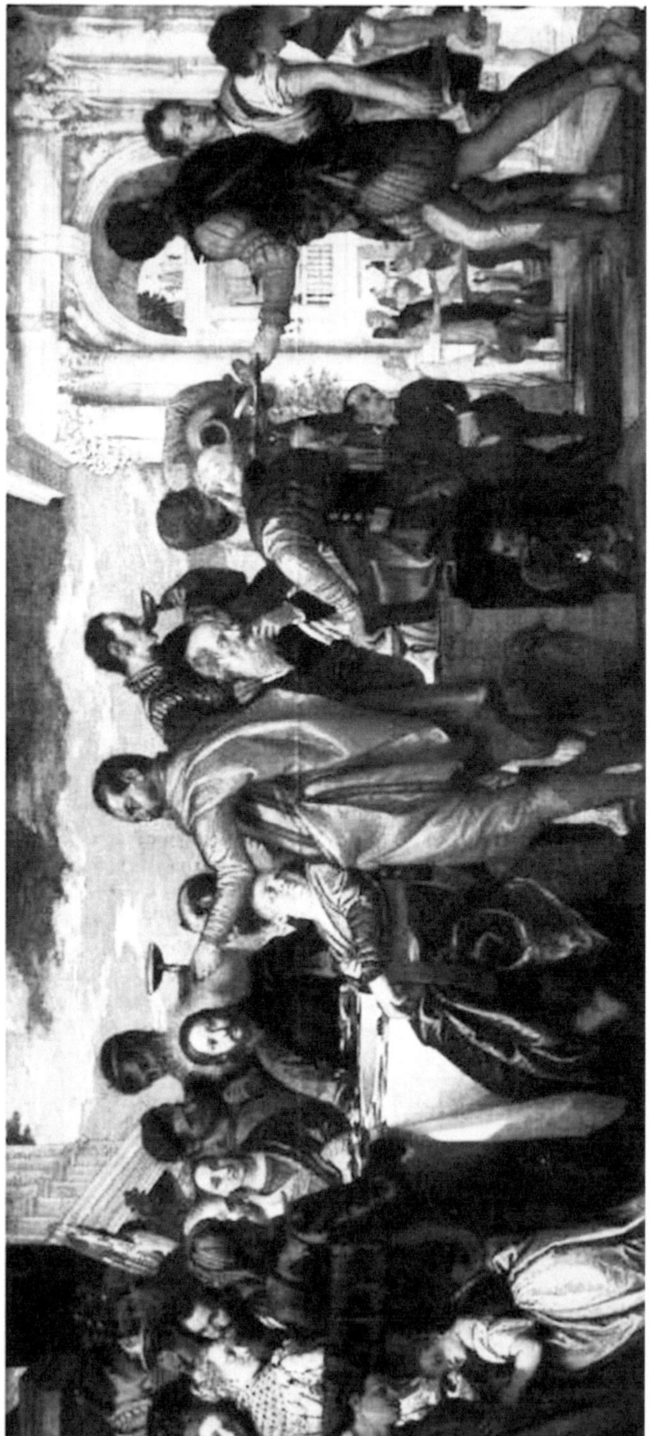

PAOLO VERONESE

35

(1528—1588)

Die Hochzeit zu Kana

Einst bildete diese farbenstrahlende Leinwand zusammen mit drei anderen grossen Breitbildern: der Madonna mit der Familie Cuccina, einer Anbetung der Könige und einer Kreuztragung (diese ist in der Hauptsache Werkstattarbeit) den Schmuck des Palastes Cuccina in Venedig, die ganze Folge kam 1645 in die Sammlung des Herzogs von Modena und mit dieser 1746 in die Dresdner Galerie. — Was den Gegenstand unseres Bildes betrifft, so hatte man in Italien im fünfzehnten Jahrhundert zur Wanddekoration der klösterlichen Speisesäle oft das Abendmahl des Herrn verwendet, im sechzehnten hörte das allmählich auf, und an Werken bedeutender Maler besitzen wir noch von Andrea del Sarto und von Tintoretto Abendmahlsdarstellungen. Dafür verbreiteten sich nun von Venedig aus über Oberitalien die weltlicher gestimmten Gastmähler des Simon oder des Levi, die Hochzeitsfeier zu Kana und, wenn man intimere Wirkungen geben wollte, das Beisammensein in Emmaus, und alle diese haben sich in mehrfachen Darstellungen von der Hand Paolos erhalten, der darin der grösste Meister geworden ist. Wie bei dem Abendmahl des Herrn jedermann an Lionardo da Vinci erinnert wird, so ist Paolo Veronese der Gastmahlsmaler par excellence geworden. Da konnte sich seine Freude an heiterem Lebensgenuss und festlichem Glanz, an Musik und der strahlenden Pracht farbiger Gewänder und kostbaren Tafelgeräts ergehen; das zu keiner Zeit gross gewesene geistige Bedürfnis der vornehmen venezianischen Gesellschaft und das Niveau ihrer Unterhaltung bezeichnen jetzt die Zwerge und Mohrenknaben, die teilnehmen dürfen, und die mit anwesenden Hunde, Katzen und Affen. Als Wandbilder, die Fresken ersetzen sollen, sind diese Gemälde dekorativ gehalten, das heisst flächenmässig mit in die Breite gezogener Komposition ohne starke perspektivische Verschiebungen und ohne tiefe Hintergründe, wie denn auch Paolos herrliche Architekturen gewöhnlich nur leicht angelegt sind. Sein Christus ist immer unbedeutend, die andern Figuren haben ihre zufällige Modellwahrheit, daneben aber werden noch bestimmte Menschen der Gegenwart als volle Persönlichkeiten eingeführt. Auf der grossartigeren und auch viel grösseren „Hochzeit zu Kana“ im Louvre, die für einen Klosterspeisesaal in Venedig gemalt war, finden wir unter den Gästen fürstliche Personen der Zeit und als Musikanten die Künstlerschaft Venedigs mit dem damals (1563) noch lebenden Tizian an der Spitze. Unser Dresdener Bild lässt uns Glieder der Familie Cuccina leicht an ihrer hervortretenden Haltung erkennen: zunächst den stattlichen Herrn im orangegelben Kleid mit dem Schalenglas in der ausgestreckten Hand und die alte Dame im Lehnstuhl neben ihm, dann den jüngeren Mann hinter ihm, der das Glas kostend an die Lippen setzt, endlich die vom Rücken gesehene junge Frau im weissseidenen Kleide ganz links, die ihr Gesicht zu uns umwendet. Diese Mittel der Belebung geben Paolos Kunst ihre Frische, das Ungezwungene und Natürliche ihrer nicht tief gegründeten, aber immer gefälligen und anziehenden Erscheinung.

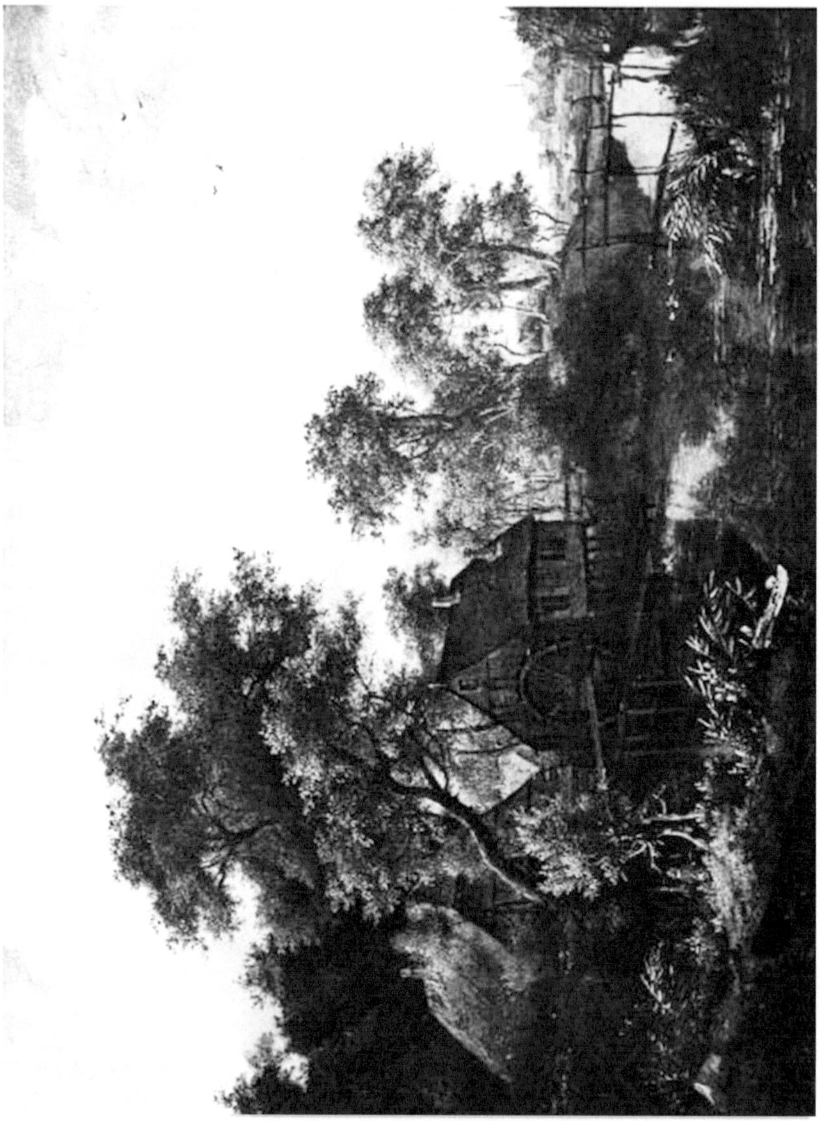

MEINDERT HOBBEMA

(1638—1709)

Landschaft mit Mühle

Meindert Hobbema in Amsterdam, der letzte originelle Landschafter des alten Hollands, wurde zu seinen Lebzeiten wenig geschätzt und starb in gänzlicher Armut. Lange nachher brachten ihn die Engländer in die Mode. Seit der Zeit werden für seine Bilder die höchsten Preise gezahlt, und vorübergehend hat man ihn sogar über Jakob van Ruisdael gestellt. Das war eine Verirrung. Hobbema ist einseitiger in seinen Gegenständen, weniger fein in der Ausführung und vor allem kein Poet, der uns zum Sinnen und Träumen anregen könnte, wie Ruisdael. Aber auf seinen besten Bildern, die sich grossenteils in England befinden, kommt er ihm in dem Ganzen des Ausdrucks nahe, und bisweilen tut er es ihm noch zuvor in der Darstellung des Zufälligen in der Natur, und dann erscheint er uns mit seinen überraschenden Einzelwirkungen als der Vorbereiter eines viel späteren Realismus in der Landschaftsmalerei. Das Hauptbild dieser Art ist die berühmte Allee von Middelharnis in der Londoner National Gallery mit ihren schnurgeraden Linien des Wassers und der Wege. Gewöhnlich gibt uns Hobbema Waldansichten mit einer Lichtung und dem Blick auf ein fernes Dorf, einzelne Hütten unter Bäumen, endlich Wassermühlen, etwa ein Dutzend, die schönste im Louvre. Gegen einen guten Ruisdael gehalten, hat eine Landschaft Hobbemas etwas Schweres und Trübes, seine Bäume sind weniger individuell, nicht so fein in der Silhouette, nicht so durchsichtig und luftig im Laubwerk, seine Fernen weniger licht. Selten sind diese Bilder datiert, die meisten aus den sechziger Jahren. Es scheint, dass er später überhaupt nicht mehr viel gemalt, sondern sich vorzugsweise den Pflichten eines kleinen städtischen Amtes hingegeben hat, das er seiner Frau verdankte, der Köchin eines Amsterdamer Bürgermeisters. Bei seiner Eheschliessung (1668) stand ihm Ruisdael als Zeuge zur Seite, sein Lehrer, wie wir annehmen dürfen. Beide vertreten die einheimische Landschaft, mit entschiedener Ablehnung der italienischen Richtung. Hobbemas Talent war kräftig und frühreif, aber seine Lebensumstände liessen es nicht zu voller Entwickelung kommen. Daraus erklärt sich mancherlei: die nicht sehr grosse Zahl seiner Bilder und die Ungleichheit ihrer Ausführung, das viele Missglückte und die häufig ganz ungenügende Staffage, die er manchmal selbst gemacht haben dürfte. — In den deutschen öffentlichen Sammlungen finden sich nur wenig gute Bilder von ihm. Ein Waldrand in Berlin, eine Baumlandschaft in München und unser ganz ähnlich komponiertes Mühlenbild, das aus der Auktion Hohenzollern in die Sammlung Schubart gelangte und von da 1899 in den Besitz der Dresdner Galerie überging.

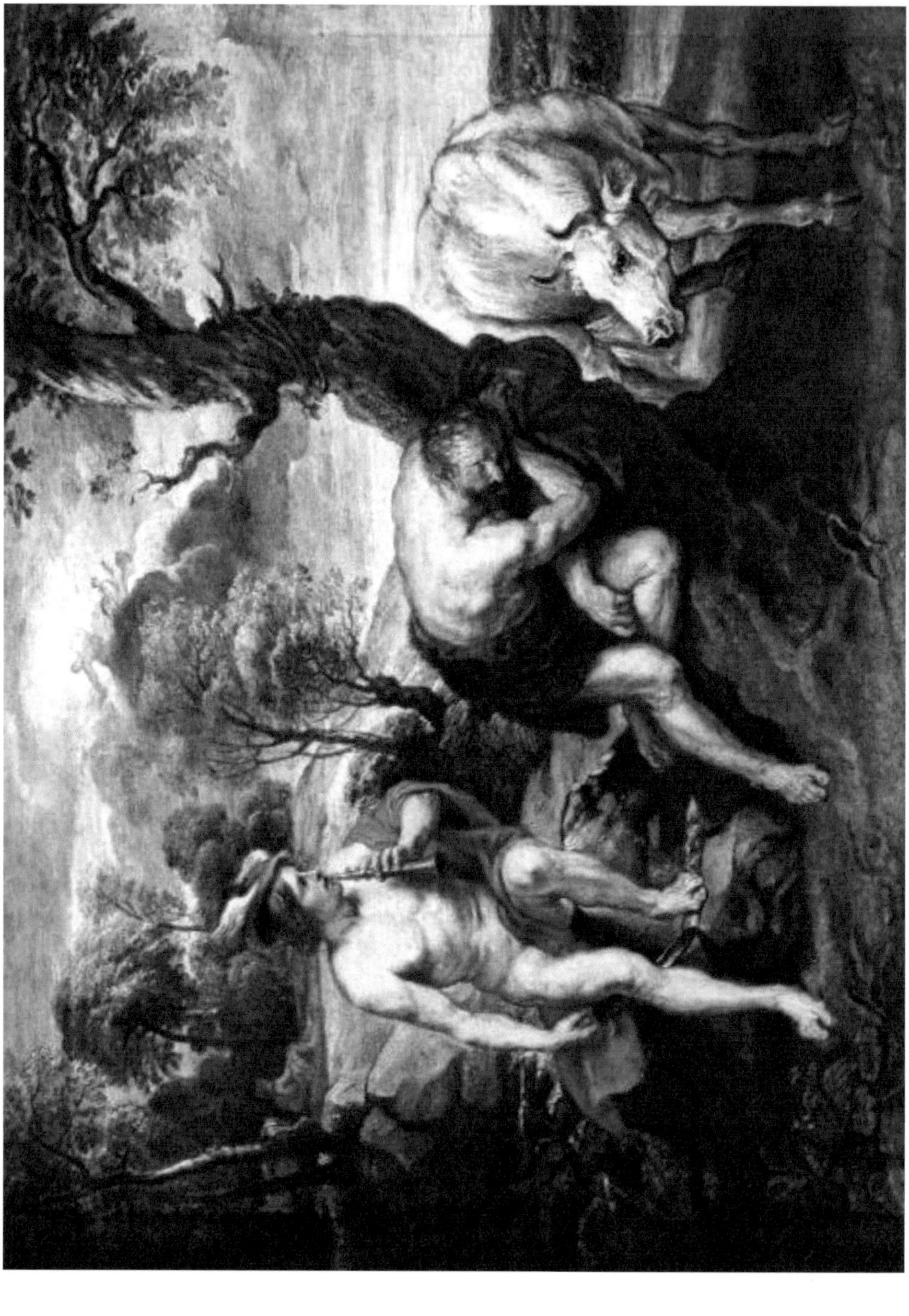

PETER PAUL RUBENS

(1577—1640)

Merkur und Argus

Mythologische Sachen hat Rubens meistens wie seine Kirchentafeln im größten Maßstabe gehalten. Daneben gehen feine kleine Bilder von ungemeinem Reize her, auf den nähern Anblick berechnete Kabinettstücke von Zeichnung und Farbe, dergleichen er noch bis zuletzt gelegentlich eigenhändig gemalt hat, als er an jenen andern schon das Meiste den Gehilfen überließ. Ein gutes Beispiel dieser Art ist unser 1742 in Paris für die Dresdner Galerie erworbenes Bild, das wahrscheinlich mit dem Stück seines Nachlasses Nr. 118 identisch und jedenfalls während seiner letzten fünf Lebensjahre entstanden ist. Die Komposition der Figuren ist anmutig und fließend, der Moment vollkommen klar. Argus, der die von Juno in eine prächtige weiße Kuh verwandelte Nebenbuhlerin Jo bewachen soll, ist entschlummert. In gespannter Aufmerksamkeit nimmt nun Merkur die einschläfernde Schalmei vom Munde und zieht vorsichtig das Schwert aus der Scheide, das ihn enthaupten wird. In den Wolken sieht man das Vogelgespann der Juno. Ähnliche Wolkenerscheinungen und eine Landschaftsbildung wie diesen lichten, sanften Waldabhang treffen wir noch auf einigen andern Bildern mit mythologischen Gegenständen. Unsre Überklugen von heute finden die Landschaften von Rubens nicht frisch genug und seine Figuren zu wenig lebendig. Aber eins werden sie ihm wohl lassen: daß die Art, wie er die Figuren in die Landschaft setzt, unübertroffen ist.

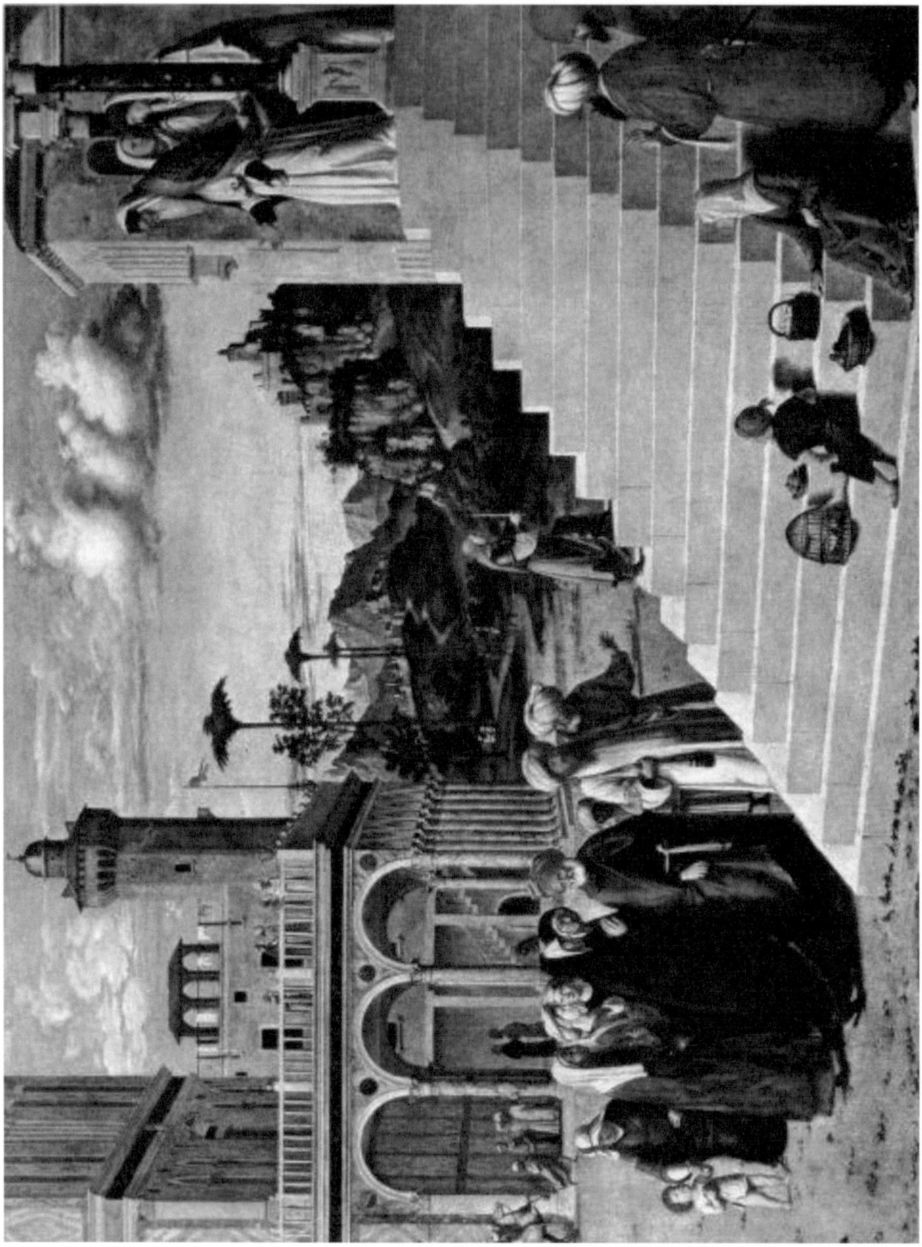

CIMA DA CONEGLIANO

(tätig zwischen 1489 und 1517)

Mariä Tempelgang

Die kleine Maria steigt mit einer brennenden Kerze bedächtig die Tempelstufen hinan. Oben unter dem Portal wird sie der Priester empfangen. Unten haben sich ihre Angehörigen versammelt, darunter Männer in orientalischer Tracht. Rechts auf der Treppe haben anmutige Genrefiguren platzgenommen, ein Knabe und eine Frau, die Geflügel und Obst feilhalten, dahinter stehen beturbante Männer. Den Mittelpunkt nimmt ein Säulenbau ein, den Hintergrund bergige Landschaft mit Palmen. Wer nicht ganz fremd ist in der italienischen Malerei, sieht sofort, daß er ein venezianisches Bild vor sich hat: an der stark hervortretenden Architektur, an den orientalischen Kostümen und der ruhigen, prozessionsartigen Haltung der Figuren. Und zwar muß es ein früher Venezianer sein, der noch unberührt ist von Tizians Lebendigkeit und den tiefen Farbenwirkungen Giorgiones. Die Gesamtfärbung ist kühl, die Kleiderstoffe zeigen nur Anfänge des Helldunkels. Jenen jüngeren Schülern des Giovanni Bellini gehen Cima und der ihm in den Gegenständen und auch in der Auffassung verwandte Carpaccio zeitlich voran, sie entsprechen stilistisch den Malern der florentinischen Frührenaissance. Aber Venedig stellte andre Aufgaben. Außer den überall begehrten Heiligenbildern hatten diese Maler große Wandgemälde, die hier das Fresko vertreten sollten, zu liefern mit Historien oder zeitgenössischen Vorgängen, Siegesfeiern, Weiheakten und Prozessionen, in denen zahlreiche Porträts angebracht wurden und der Reichtum der Lagunenstadt an kostbaren Kostümen sich entfalten konnte. Immer nimmt die Architektur Venedigs, die wirkliche oder eine phantastisch nachgebildete, auf diesen Bildern einen breiten Raum ein. Auch aus der heiligen Geschichte wählte man gern die ruhigen Vorgänge, die sich leicht zu weltlichen Schaustellungen umbilden ließen. So wird die beliebte Darstellung von Mariens Tempelgang zu einem Stück venezianischen Lebens. Carpaccio und namentlich Tizian haben denselben Gegenstand größer und prächtiger gemalt. Dieses hier ist ein bescheidenes Bild, aber echt in Charakter und für die Dresdener Galerie, die an frühitalienischen Bildern nicht reich ist, besonders wertvoll. Es kam 1743 aus einer Kirche bei Venedig.

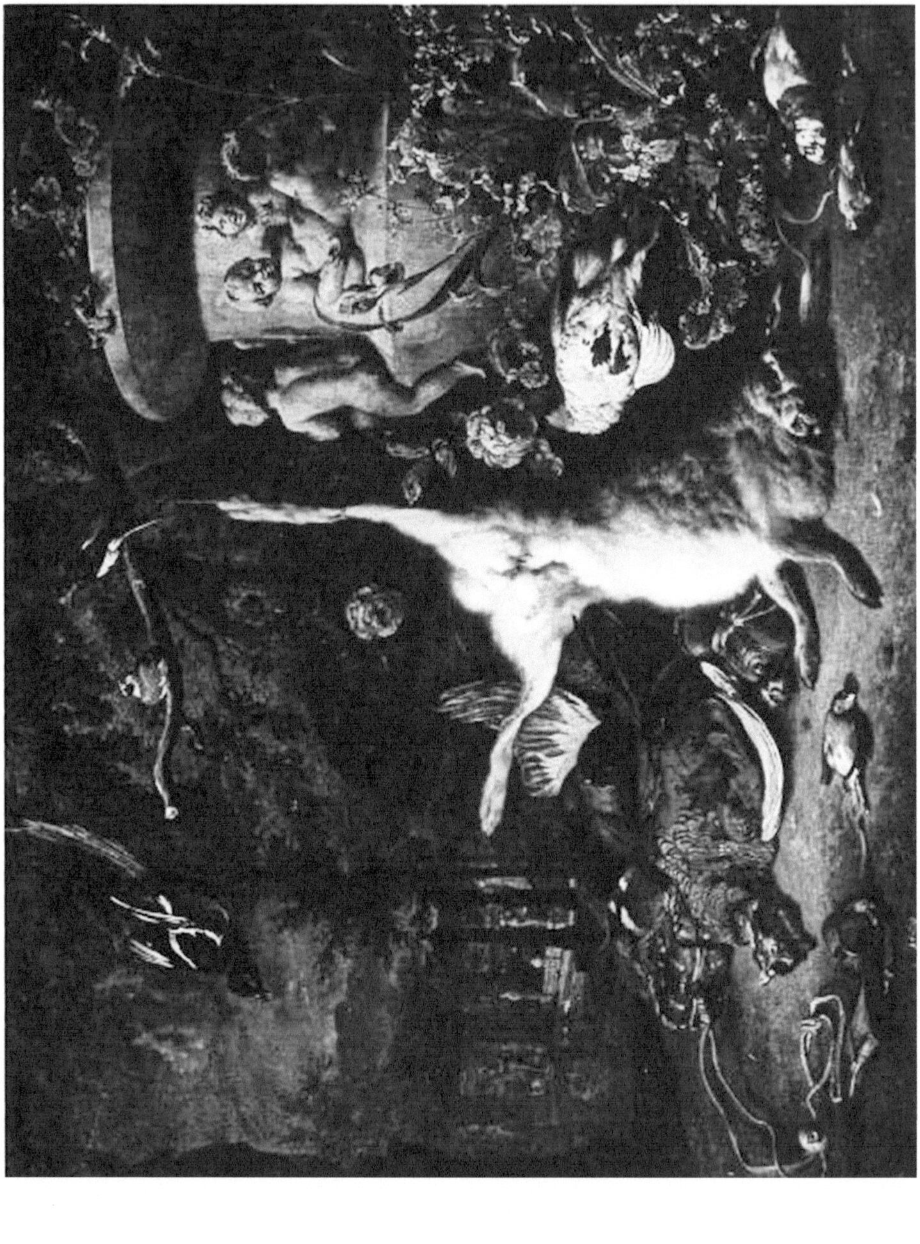

JAN WEENIX

(1640—1719)

Das große Stillleben mit dem toten Hasen

Jan Weenix, der Sohn des Jan Baptist Weenix aus Utrecht, lebte in Amsterdam und malte zuerst Figurenlandschaften in der Art seines Vaters. Aber seine eigentümlichste Leistung, die ihm großen Ruhm bei seinen Zeitgenossen eintrug, ist ein stattliches Jagdstillleben mit einzelnen lebenden Tieren, Vögeln, Hunden oder einem Affen, den er sich gehalten zu haben scheint, mit Geräten, Früchten und Blumen. Der Hauptgegenstand ist ein an einem Hinterlauf aufgehängter Hase oder ein Wildschwein, ein Schwan oder eine Gans. Diese Gegenstände sind gewöhnlich im Freien aufgebaut, unter Bäumen, an Statuen, Springbrunnen oder Barockpostamenten mit Marmorvasen; eine im rötlichen Abendlicht verschwimmende Gartenlandschaft oder ein Schloßpark bilden den Hintergrund. Die Ausführung der Einzelheiten, z. B. des Gefieders, ist sorgfältig, die des weichen, flaumigen Fells am Bauche des Hasen namentlich auf den kleinen Bildern so fein, daß man die Haare zählen zu können meint. Seinem Grundcharakter nach ist er eben ein Feinmaler, wie die holländischen Stilllebenmaler überhaupt. Dabei ist aber doch die Wirkung namentlich seiner größeren Bilder zugleich auf die Ferne berechnet, breit und dekorativ. Diese waren dazu bestimmt, in die Wände großer Säle eingelassen zu werden, z. B. der Speisezimmer in Amsterdamer Patrizierhäusern. Erstaunlich als Ganzes sind die Arbeiten, die er, über sechzig Jahre alt, in Düsseldorf im Auftrage des Kurfürsten Johann Wilhelm für dessen Schloß Bensberg ausführte, Stillleben und Jagdstücke von vielen Quadratmetern, jetzt meistens in der Münchener Pinakothek. Die Anordnung zeugt immer von dem feinsten Geschmack. In der manchmal sehr nachlässigen Ausführung der großen Bilder zeigt sich der Maler der Verfallzeit. Sie genügen auch am wenigsten im Kolorit, der Ton wird stumpf und rauchig. Die kleineren dagegen sind lokalfarbiger, haben gutes Helldunkel und sind mehr im Charakter der echten, alten holländischen Kabinettsmalerei gehalten. Diese Eigenschaften hat unser Dresdener Stillleben mit der Jahreszahl 1690. Es wurde zugleich mit einem Gegenstücke 1743 von dem ausgezeichneten Kunstkenner Algarotti in einem venezianischen Palast gefunden und gekauft.

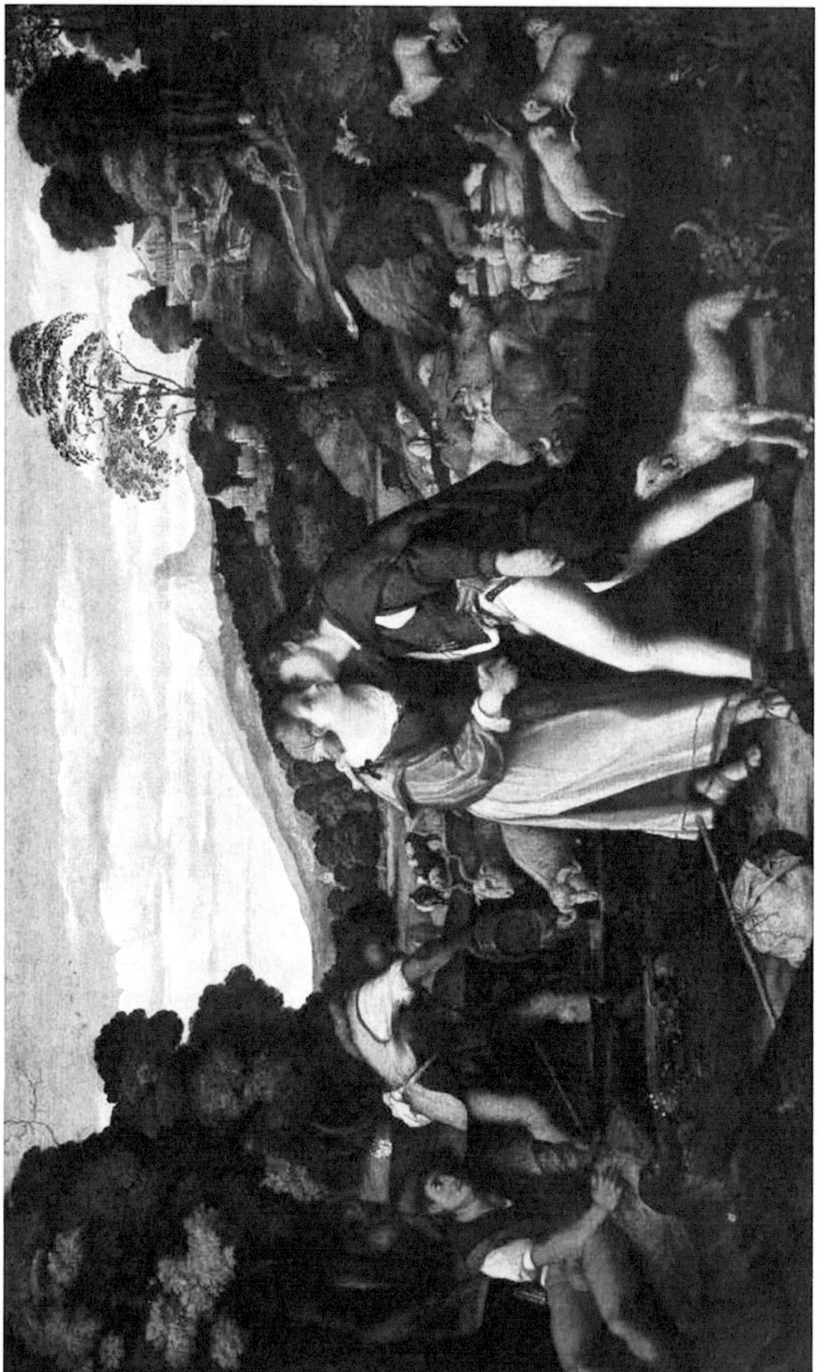

PALMA VECCHIO (?) 40

(um 1480 bis 1528)

Jakob und Rahel

Dieses äußerst sympathische und farbenkräftige Bild gehört in die große Klasse der für die Venezianer charakteristischen Figurenlandschaften. So malten sie Giorgione und die Bonifazi, so noch zuletzt mit handwerksmäßiger Verflachung die Mitglieder der Familie da Ponte aus Bassano. Die Figur bedeutet auf solchen Bildern immer etwas mehr als eine Staffage, wenn sie auch nicht allemal so hervortritt, wie auf diesem, und die Landschaft ist immer mehr als bloß Hintergrund. Hier haben wir lombardisches Bergland mit vielen Plänen, mit bewaldeten Hügeln und Ortschaften. Wir lassen unsere Blicke darin umherschweifen. Alles ladet zum Verweilen ein. Vorne rechts führt der Weg zu einer Kirche hinan, die ganz oben zwischen Bäumen liegt, wie über so mancher Stadt in Italien, und oben gehen allerlei Menschen, darunter auch ein Eseltreiber. In diese Szenerie nun ist die Begegnung Jakobs mit Rahel gesetzt. Das Tal ist ganz von Herden erfüllt, die nicht bloß aus Schafen bestehen, wie in der biblischen Erzählung. Zwei kräftige Lombarden in bäurischer Tracht stellen die Hirten dar. Die Hauptpersonen sind feiner gekleidet. Daß diese Rahel ihre Schafe selbst hergetrieben, und daß sie sie hätte tränken können, dieses Wirklichkeitsmoment der Erzählung ist vom Künstler aufgegeben. Er hat nur die Begrüßung mit einem Kuß festgehalten und daraus eine graziöse und menschlich ansprechende Gruppe gewonnen. Sein Realismus ist eben der eines venezianischen Gesellschaftsbildes von ländlichem Charakter, eines Idylls. In städtischer Umgebung und bei vornehmeren Personen würde er auch die volle venezianische Kleiderpracht haben wirken lassen. Daß endlich die Figuren nicht sehr individuell und wenig belebt sind, gehört mit zum Charakter dieser Kunst, von der man ja sagt, daß sie außer dem Porträt hauptsächlich Gattungsbilder schaffte. — Unser Bild wurde vor 1753 aus der Casa Malipiero in Venedig erworben und galt damals und noch viel später als ein Giorgione, woran heute keiner mehr denken würde. Vorne auf dem Sack sind später die Buchstaben G. B. F. aufgemalt, die möglicherweise Giovanni Busi, einen bekannten Nachahmer Giorgiones, bezeichnen sollten. Der hat aber niemals auf diese Weise signiert. Seither hat man auf Palma Vecchio geraten, an den der Typus der Rahel erinnern kann, im übrigen aber nichts. Das Wahrscheinlichste bleibt immer noch, an Palmas Hauptschüler zu denken, Bonifazio di Pitati aus Verona, der schon 1505 nach Venedig kam und dort farbenreiche, große Historien gemalt hat, deren sich noch eine ganze Reihe in der dortigen Akademie befindet.

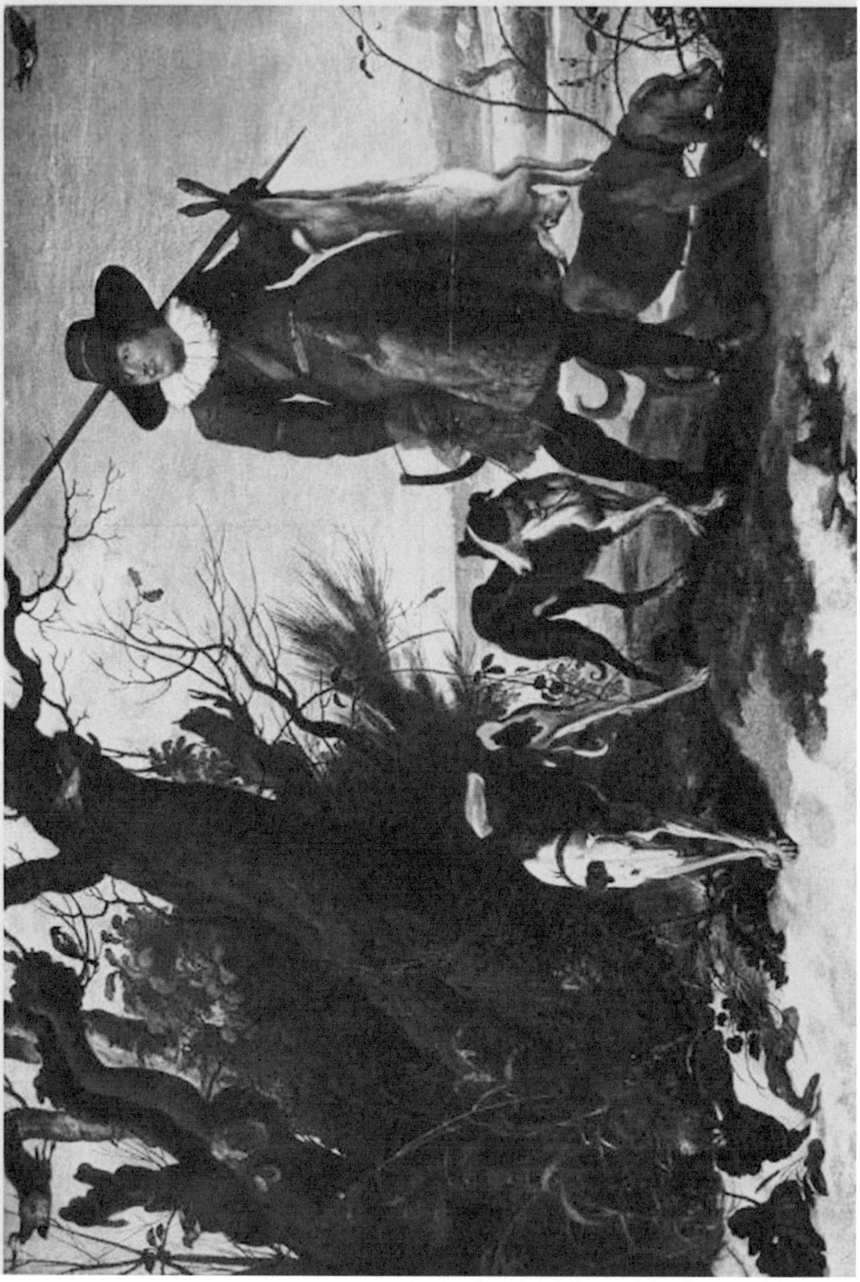

JAN WILDENS

(1586—1653)

Winterlandschaft mit einem Jäger

Jan Wildens war ein jüngerer Freund von Rubens. Durch ihn und Lukas van Uden ließ der große Meister vielfach das Landschaftliche auf seinen Figurenbildern ausführen. Wenn Wildens selbständig malt — Landschaften und einzelne Städteansichten — so zeigt er sich als tüchtiger Handwerker, ohne einen Flimmer eignen Geistes. Bilder von ihm sind höchst selten, deswegen ist unser seit 1722 im königlichen Besitz nachweisbares Jagdstück für die Dresdener Galerie wertvoll. In seiner nüchternen Wirklichkeitsdarstellung, ohne irgendwelche Stimmung und mit ganz neutralem Licht, ist es für den Künstler charakteristisch, ebenfalls durch die vorherrschend braune Färbung. Der zum Bilde herausschreitende Jagdknecht ist wenig lebendig. Hunde hat Rubens selbst viel besser gemalt.

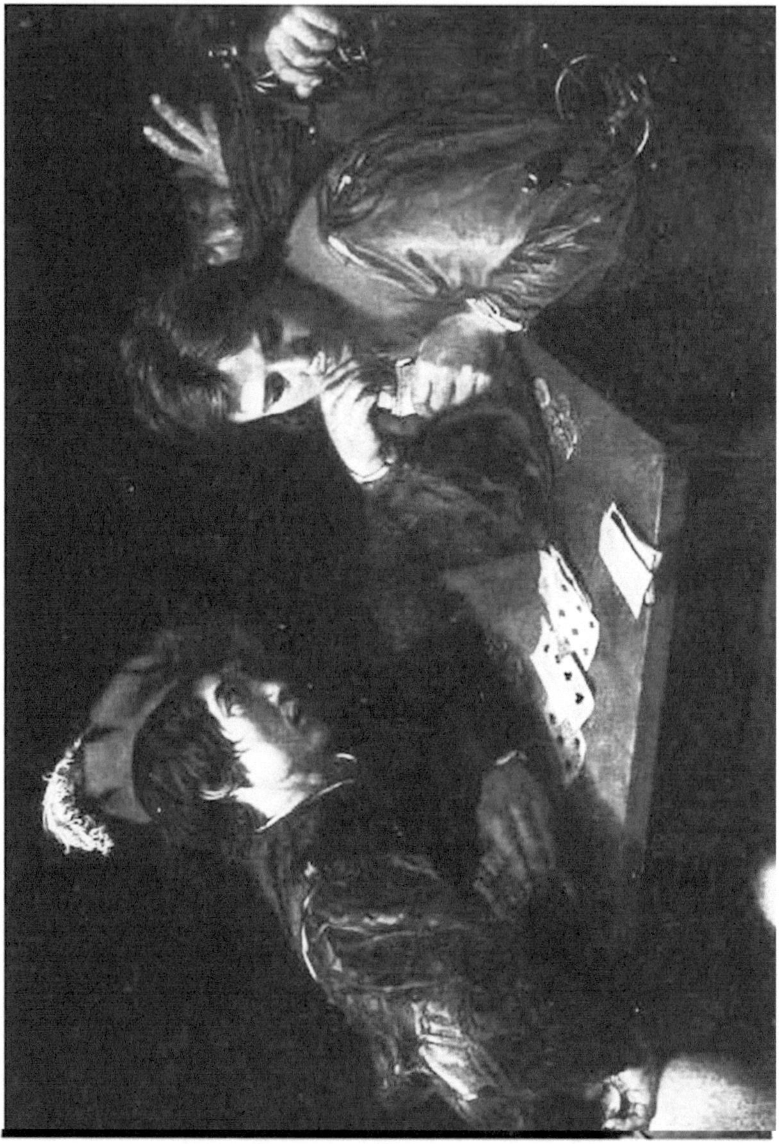

MICHELANGELO CARAVAGGIO

(1569—1609)

Die Falschspieler

Das Sittenbild, das heißt die Darstellung namenloser Personen, die nur ihre Gattung vertreten und die dann durch eine gegenständliche Beziehung miteinander verbunden sind, dieses Gattungs-, Gegenstands- oder, wie man früher auch sagte, Genrebild, wie es namentlich die alten Holländer gepflegt haben, kommt bei den Italienern nur ausnahmsweise vor. Ihre Kunstauffassung verlangte auch für Gegenstände des gewöhnlichen Lebens eine angemessene Stilhöhe. Das venezianische Sittenbild ist etwas völlig andres als das holländische. Der nordischen Weise am nächsten kommt in einzelnen derartigen Darstellungen der Bergamaske Caravaggio, ein selbständiger, bis zur Derbheit kräftiger Künstler, der auch in seinen Heiligenbildern die Realistik des Körperlichen bis zum Äußersten treibt und der zwar nicht an sogenannter Stilhöhe, aber an innerer Kraft und künstlerischer Originalität seinen berühmter gewordenen Zeitgenossen Guido Reni aus Bologna weit überragt. Für die Kunstgeschichte hat er dann die weitere Bedeutung gehabt, daß zwei noch Größere seiner Anregung gefolgt sind: Rubens und Velazquez. Gleich im Anfang seiner Laufbahn begründete Caravaggio seinen Ruhm mit solchen Sittenbildern, die wie Herausforderungen auf die akademisch verbildete Malerei seiner Zeit wirkten, und auch bis zuletzt hat er diese Gattung nicht ganz aufgegeben, wenngleich andre Gegenstände bei ihm überwiegen. Die Dresdner „Falschspieler" sind ein Werk seiner spätern Zeit. Das zeigen die schwarzen Schatten und die scharf abgegrenzten Lichter, die sogenannte Kellerbeleuchtung seiner *ultima maniera*. Aber er hatte denselben Vorwurf schon früher behandelt in dem milden, goldfarbenen Ton seiner ersten Periode, so daß also das Dresdner Bild nur als eine Wiederholung anzusehen ist, und noch dazu schwerlich als eine durchweg eigenhändige. Die Szene ist ohne Erklärung verständlich, aber nicht infolge einer besonders scharfen Charakteristik, sondern weil der Vortrag eine sozusagen theatermäßige Deutlichkeit hat. Adriaen Brouwer hat mit seinen kleinen Figuren alles das ein Menschenalter später viel besser ausgedrückt. Unser gemütlicher Anteil an diesem Bilde kann ebenfalls nicht groß sein, denn von den beiden Kumpanen steht der Betrogene nicht um eine Note höher als der Betrüger.

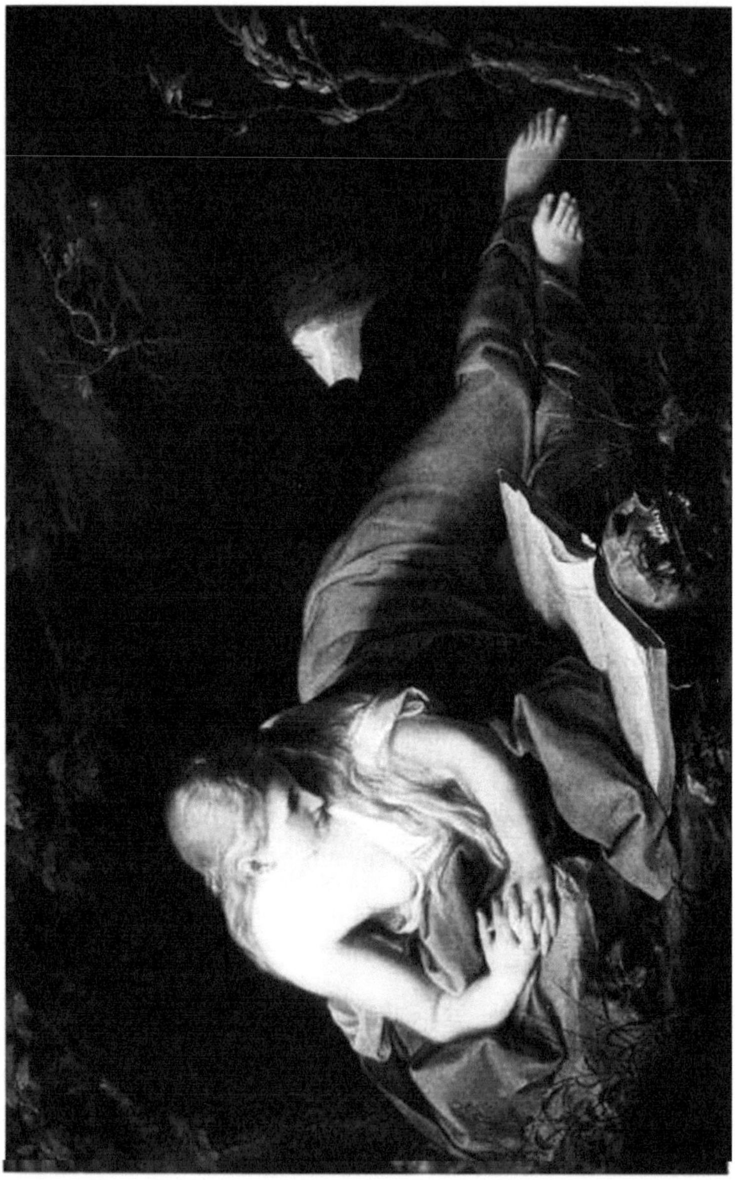

POMPEO BATONI

(1708—1787)

Die büssende Magdalena

Wenn eine Kunst uns nichts Ernstes mehr zu sagen hat, sondern mit dem Inhalte spielend diesen nur zum Ausgangspunkt ihrer technischen Fertigkeiten nimmt, dann wird es immer sehr von der Wahl des Gegenstandes abhängen, in welchem Masse uns dieses rein Künstlerische an einem Werke noch gefallen kann. Pompeo Batoni aus Lucca hielt sich meistens in Rom auf und malte einige langweilige grosse Andachtsbilder und heilige Historien, die heute keiner mehr ansieht. Das Lebenslicht dieser ganzen römischen Richtung war längst ausgeblasen. Er war ein Zeitgenosse Tiepolos, der einzige nennenswerte römische Künstler, während die venezianische Malerei noch in reicher Nachblüte stand. Am beliebtesten waren seine Genrebilder und Mythologien in kleineren Figuren und seine Bildnisse, wegen ihrer glatten und eleganten Ausführung. Auch die Dresdener Magdalena ist eine ihrem geistigen Gehalt nach völlig indifferente Genrefigur, aber sie ist wundervoll gemalt. Das blonde Haar, das porzellanglatte Fleisch und das blaue Gewand vor der dunklen Wand der Höhle mit dem Durchblick in die Landschaft sind nur Probleme, die sich der Künstler gestellt hat, um seine Herrschaft über die durch das Licht abgetönte Farbe zu zeigen, und das feine Helldunkel verrät uns den Nachahmer Correggios. Das berühmte Bild — dessen hohe künstlerische Qualität ein als Gegenstück gemalter, viel geringerer ruhender Johannes der Täufer so recht ins Licht stellt — wird schon in dem Inventar von 1754 aufgeführt. Winckelmann und Mengs haben es noch gesehen.

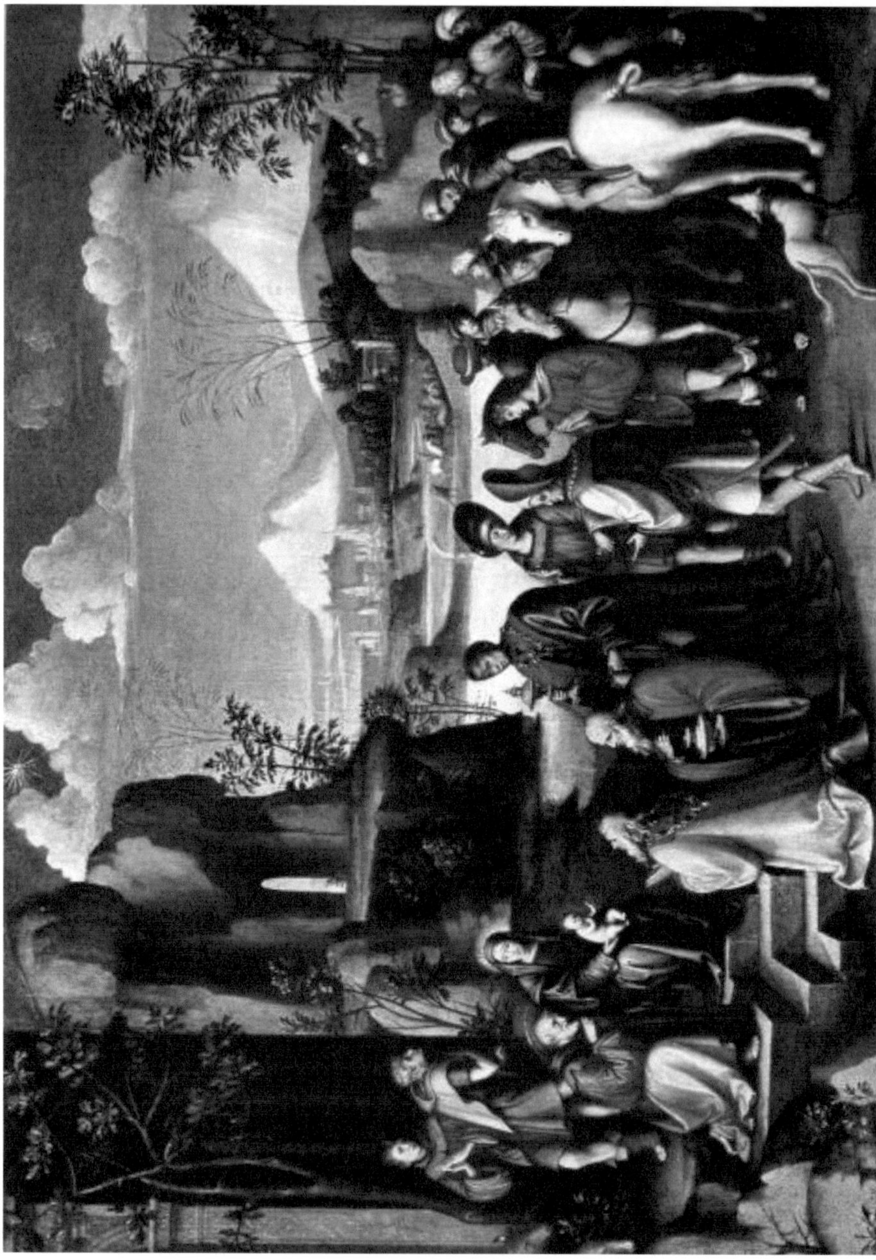

FRANCESCO FRANCIA

(1450—1517)

Die Anbetung der Könige

Hundert Jahre vor den Caracci gab es schon in Bologna eine eigene, tüchtige Malerschule, deren Haupt der zarte Francia war. Sein Darstellungskreis ist nicht weit: Madonnen und ruhig gehaltene Konversazionen, — der anmutig weiche Ausdruck seiner Köpfe etwas einförmig, aber er zeichnet sicher und hat sehr gute Farben. Stilistisch steht er auf der Stufe des jungen Raffael. Den Übergang in die Hochrenaissance, die er noch erlebte, hat er nicht mitgemacht. In seinen größeren Altartafeln, die fast alle in Italien geblieben sind, erhebt er sich zu einer gewissen Monumentalität. Seine vielerwärts vorkommenden einzelnen Madonnen sind immer angenehm und oft von besonderem Liebreiz. Unser seit 1754 in der Dresdener Galerie nachweisbares Bild hat die Eigentümlichkeit, daß es eine figurenreiche Szene, die sonst in großem Maßstabe dargestellt zu werden pflegt, in ganz kleinem Format miniaturartig zierlich ausgeführt wiedergibt. Die in die Breite gezogene Gruppierung ist an sich ebensowenig bedeutend, wie es die einzelnen Figuren sind, aber alles ist gefällig, und das Ganze mit seinen leuchtenden Farben ist einheitlich abgestimmt auf einen Eindruck von Feierlichkeit und Pracht.

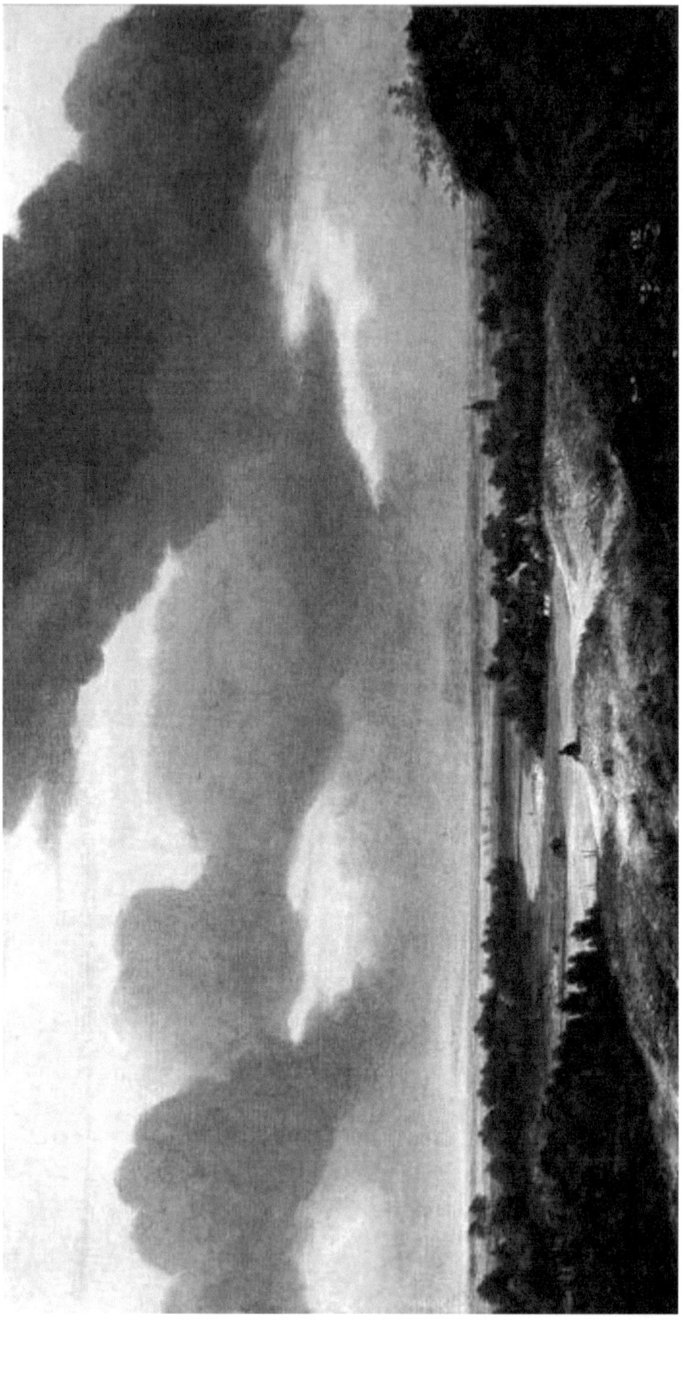

JAN VAN DER MEER VAN HAARLEM

(1628—1691)

Blick von den Dünen

Von den Dünen des Vordergrundes hinab sieht man auf die holländische Ebene, bis in die Ferne, wo ein blauer Streif den Horizont abschließt. Im Busch des Mittelgrundes liegt ein Kirchdorf an einem Teich. Darüber blauer Himmel mit einer schwarzen Wolke. Das anspruchslose kleine Bild mit seinem schlichten Naturausdruck hat doch sehr viel Stimmung. Solche Flachlandschaften aus der Umgebung Haarlems malte auch Jakob van Ruisdael, zu dessen Kreise der seinen Lebensumständen nach wenig bekannte Haarlemer Van der Meer gehört. Er ist erst in unserer Zeit entdeckt und zunächst überschätzt worden. Er erreicht mit diesen feingezeichneten Bildern Ruisdael, aber er übertrifft ihn nicht. Er scheint sie in seiner späteren Zeit gemalt zu haben — datiert ist keines — als Ruisdael diese Gattung schon aufgegeben hatte. Sie sind außerordentlich selten. Das unsere wurde 1883 aus der Sammlung Pein in Berlin erworben.

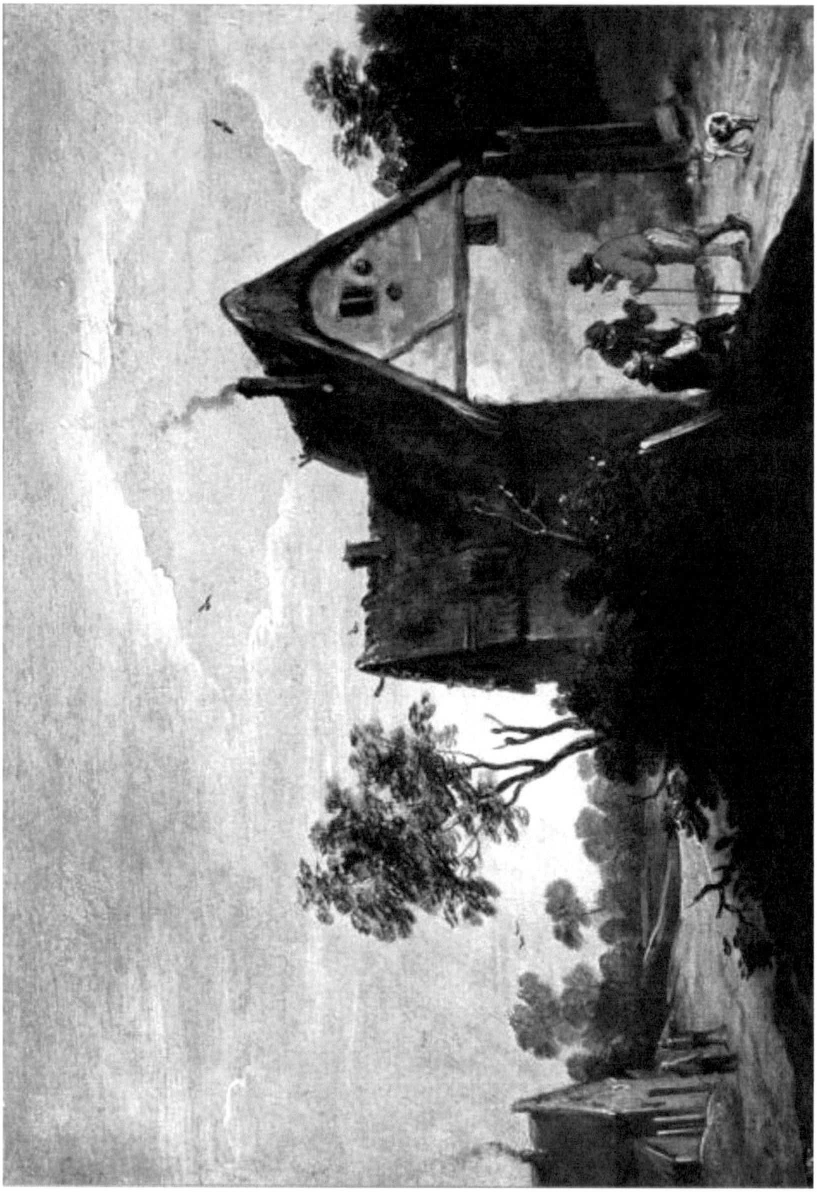

DAVID TENIERS DER ÄLTERE

(1582—1649)

Im Dorfe

Die beiden David Teniers, Vater und Sohn, sind Antwerpener von Geburt, der Sohn siedelte dann in die Residenzstadt Brüssel über und wurde nächst Rubens der angesehenste Maler seiner Zeit. Sein Ruhm hat das Andenken des Vaters verdunkelt. Heute denkt man aber auch über die Kunst des Sohnes anders als ehedem. Wir finden seine Bauernhochzeiten, Kirmessen und Dorfkneipen einförmig, die Figuen sind unlebendig, die Gesichtstypen wiederholen sich bis zur Ermüdung. Aber ihre künstlerischen Qualitäten bleiben in voller Geltung: die sichere, geistreiche Zeichnung und der feine, bald silbergraue, bald goldwarme Farbenton. Anders als die Figuren wirkt bei ihm die Landschaft, sei es als Hintergrund oder selbständig hervortretend mit kleiner Figurenstaffage; sie befriedigt alle Ansprüche, und die Bilder dieser zweiten Art sind von dem größten Reize. Teniers versteht sich gut auf das Licht und auf die wechselnden Eindrücke des Himmels. Die vlämische Landschaft ist an sich mannigfaltiger als die holländische, heiter und sonnig. Mit spitzem Pinsel setzt Teniers die Lichter auf, kleine blitzende Flecke oder auch dünne Streifen von Gold und Silber; sie beleben das wellige Erdreich mit seinen Steinen und Planzen, hüpfen von Strauch zu Strauch und locken unser Auge von Gegenstand zu Gegenstand. Solche Landschaftsbilder malte schon neben vielem anderen, was uns heute nicht mehr interessiert, der Vater Teniers, und wenn sie ihm gut gerieten, sind sie von denen seines Sohnes kaum zu unterscheiden. Höchstens sind die Figuren nicht ganz so gut gezeichnet, wie sie der Sohn zu geben pflegt. Die Dresdner Galerie besitzt von ihm zwei winzige Dorfbildchen, deren eines hier in der Größe des Originals abgebildet ist. Es weckt in uns eine friedevolle Stimmung, mit den rauchenden Schornsteinen seiner traulichen Hütten und den sich unterhaltenden Bauern. Es wirkt aber auch künstlerisch fein und wohltuend durch den Gegensatz der warmen Farben zu dem Silbergrau des Regenhimmels.

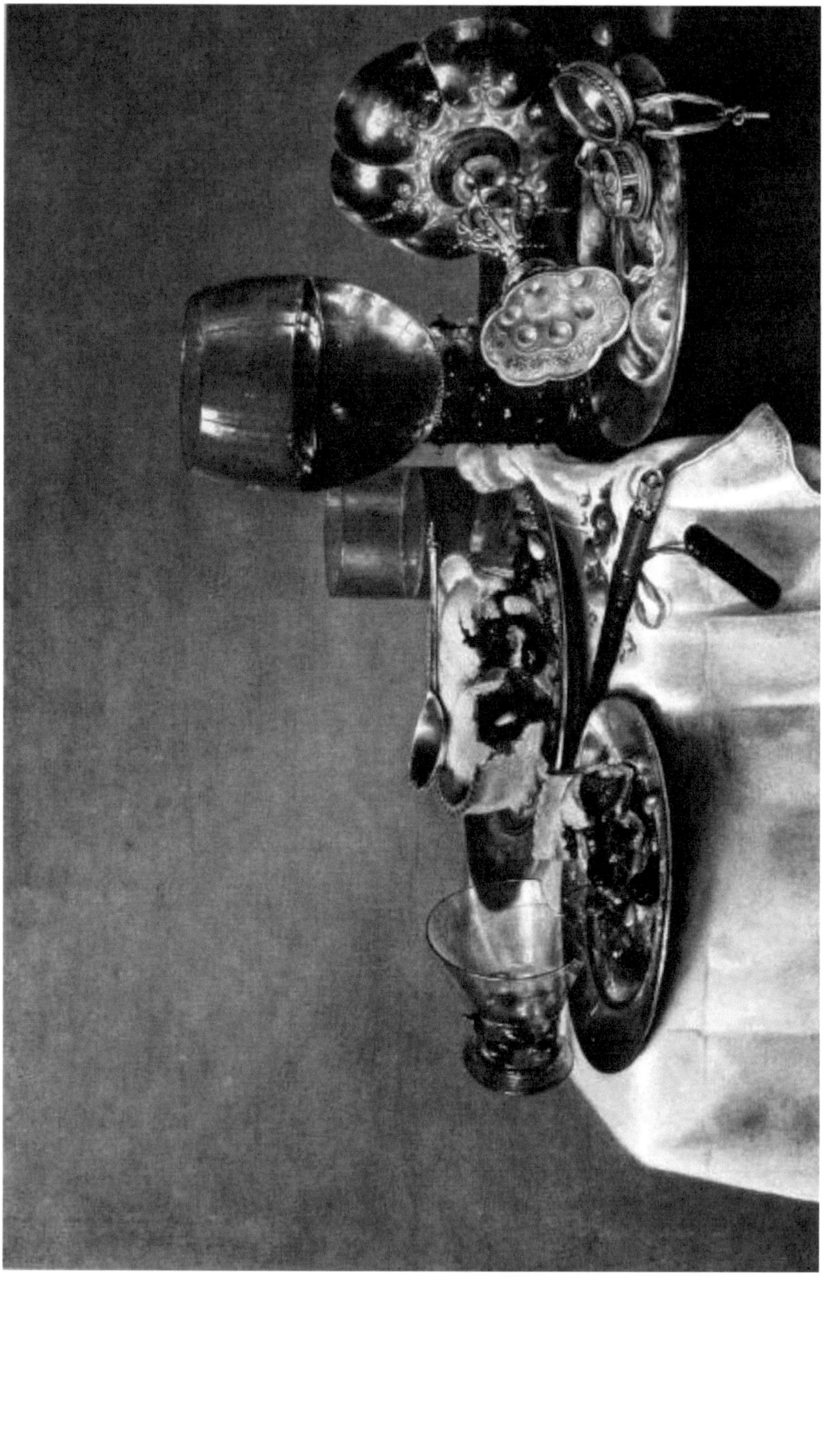

WILLEM KLAASZ HEDA

(um 1594 bis nach 1678)

Ein Frühstückstisch

Die alten Holländer haben zuerst unter den Völkern Europas das moderne Gefühl der Häuslichkeit gehabt, die Liebe zu den eigenen vier Wänden. Sie zeigen das nicht in der Literatur, wie unsre deutschen Dichter und Erzähler des 18. Jahrhunderts, sondern in ihrer Malerei, wie ja auch die Naturstimmung ihrer Landschaftsbilder schon da war, ehe Rousseau den literarischen Ausdruck für das moderne Naturgefühl fand. Dem bei den Holländern stark entwickelten Sinne für häusliche Behaglichkeit entspringt in ihrer Malerei die nachahmende Darstellung der unzähligen kleinen leblosen Dinge, die für den Menschen in seinem Heim einen Wert haben. Alle enthalten Beziehungen auf Personen: jedes Früchtestück setzt eine pflegende und ordnende Hand voraus, abgeschnittene Blumen haben ihre Liebhaber, ein menschenleeres Zimmer oder ein zurückgelassenes Kleidungsstück wissen etwas von einem Besitzer zu erzählen, und ein angegessener Frühstückstisch drückt noch etwas mehr aus als das angenehme Gefühl der Sättigung. Wie das menschliche Genrebild, so wird auch die *nature morte*, das Stilleben zu einem Sittenbilde der Holländer. Ganz abgesehen von diesem gegenständlichen Interesse hat sich aber das rein künstlerische Verlangen nach Form und Farbe in keiner anderen Gattung der Malerei so deutlich ausgesprochen. Wir haben den bedeutendsten Blumenmaler Hollands, Jan Davidsz de Heem, kennen gelernt (Nr. 13). Auf derselben Höhe steht Kalf mit seinen Stilleben aus Früchten und Geräten, van Beyeren, mit seinen Fischbänken. Diese Gegenstände behandeln auch die etwa ein Menschenalter älteren Pieter Klaasz und Willem Heda in Haarlem. Ihre Bilder haben große Ähnlichkeit. Jener malt flotter, Heda etwas trocken, aber er ist der gewandtere, er folgt dem Pieter Klaasz, dessen Lehrer wir nicht kennen; der Anreger für Farbe und Licht war Frans Hals. Ihre Stilleben sind äußerlich nicht ansehnlich, manchmal nur klein, dabei wenig farbig, oft beinahe einfarbig bräunlich, gelbgrau oder blond, aber kräftig im Vortrag und lichtreich. Da sieht man Weingläser, Pokale, Deckelkrüge, einen Teller von Silber oder Zinn mit einer halbgeschälten Zitrone, Austernschalen, einige Nüsse und ein Stück Brot, auch wohl eine Taschenuhr mit einem farbigen Seidenbande, alles körperlich deutlich und sehr breit gemalt. Unser Frühstückstisch von Heda mit der Jahrzahl 1631, das zweitälteste Bild des Meisters, bedarf zu seiner Erklärung höchstens noch des Hinweises, daß das eßbare Hauptstück auf der Tafel eine Brombeerpastete vorstellen soll.

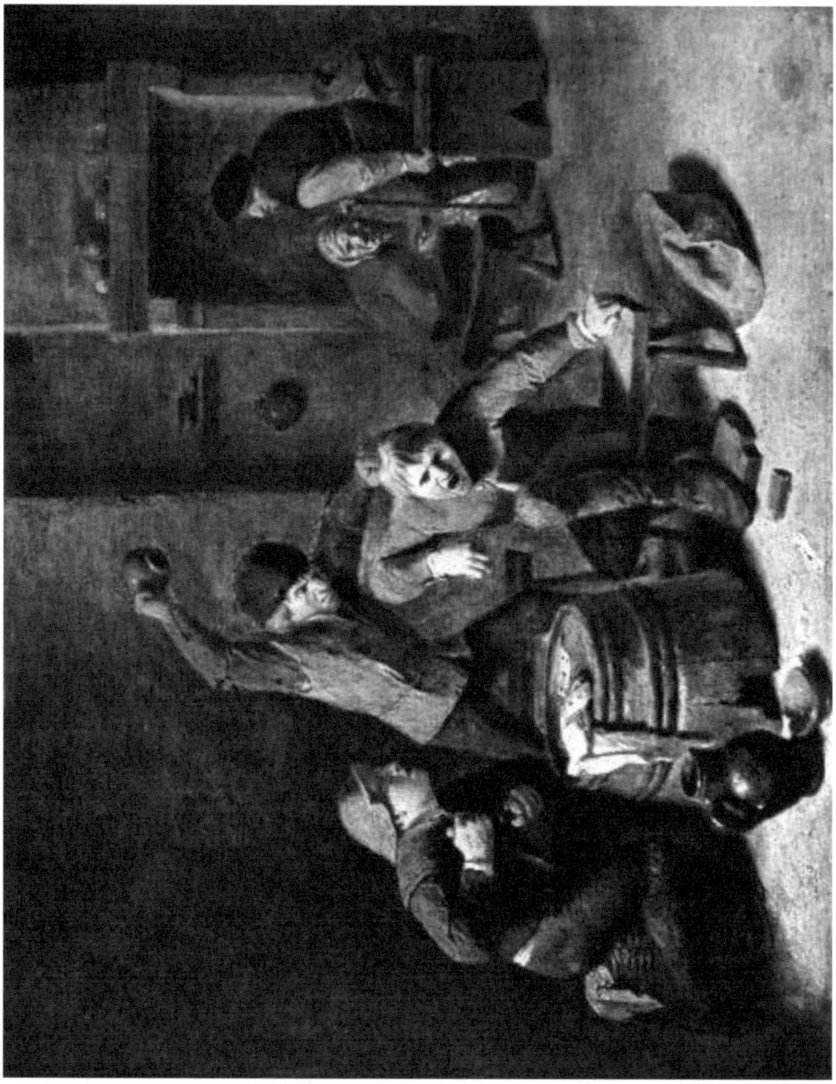

ADRIAEN BROUWER

(um 1506 bis 1638)

uernschlägerei beim Kartenspiel

Eine Schenkwirtschaft allerniedrigsten Ranges. Der grüne Kartenspieler hat nach Meinung der andern betrogen und wird von dem gelbbraunen vermöbelt, der blaue zieht für alle Fälle sein Messer. Die Bewegungen sind springend lebendig, was man am deutlichsten empfinden wird, wenn man die Betrachtung von der hocherhobenen Hand mit dem braunen Kruge ausgehen läßt. Einen tiefern persönlichen Ausdruck und individuelle Gesichter, die uns interessieren könnten, haben aber selbstverständlich diese vertierten Menschen nicht, darum sind auch die Körperformen nur obenhin wiedergegeben: man sieht nur soviel, daß es ein kleiner, kurzer Menschenschlag ist. Während die vordere Gesellschaft in helle Aufregung geraten ist, kommen die Wirtsleute hinten am Kamin kaum aus ihrem landesüblichen Phlegma heraus und sie bezeugen ihre Teilnahme an dem Vorgang bloß durch ein mißbilligendes Grunzen, das auf ihren Gesichtern meisterlich ausgedrückt ist. Meisterlich ist auch der Innenraum behandelt, vertieft und durch Helldunkel bis an seine Grenzen aufgeklärt. Ein elender, schmutziger Raum, der aber doch etwas von Behaglichkeit und Intimität — natürlich nach den Ansprüchen dieser Insassen — an sich hat. Und nun das Gerät, das zum Teil zerbrochene, und das wertlose Mobiliar, der am Boden liegende Hut, wie vorzüglich ist das alles wiedergegeben! Durchaus nicht „liebevoll" wie bei den Stillebenmalern oder bei dem jüngern Teniers, der mit seiner kühlen Virtuosität in diesen Dingen brilliert, sondern als das, was es ist, als Nebensache: jedes einzelne steht oder liegt da, wo es hingehört oder wo es im Bilde wirken kann, den Raum füllend, Licht auffangend, unsern Blick anziehend und weiter führend. Wieviel sicher angewandte Beobachtung und zugleich Sorgfalt in die Beleuchtung dieses ganzen Interieurs gelegt ist, wird man erst inne werden, wenn man sich das Vergnügen macht, ihr — von links her — nachzugehen. Endlich die Farbe. Soviel ist klar, daß dieser Künstler nicht bloß durch Tonmalerei wirken wollte, wiewohl sein Bild auch noch einen Ton hat. Das sagt uns schon der eine grüne Bauer, und wenn wir den als stärksten Anziehungspunkt erkannt haben, so werden wir auch noch weitere farbige Flecke finden. Der Künstler ist also ein Kolorist, der uns außer seinen Gegenständen auch noch Farbenzusammenstellungen hat zu genießen geben wollen. Diese Analyse möchte nur zu dem Eindruck anleiten, daß der Bauernmaler Adriaen Brouwer, der uns gegen fünfzig kleine Bilder dieses wenig interessanten Inhalts hinterlassen hat, alle aus dem Bereiche des homo vulgus, doch mit vollem Recht heute allgemein für einen feinen Künstler erklärt wird, wie er denn auch schon zu seiner Zeit bei vielen etwas gegolten hat. Einzig interessant ist noch, wie sich in ihm die vlämische Farbigkeit mit der holländischen Tonmalerei gemischt hat. Er war von Geburt ein Flamländer, aber jung nach Amsterdam gekommen, und hatte auch bei Frans Hals in Haarlem gemalt; dann begab er sich, etwa fünfundzwanzig Jahre alt, nach Antwerpen, wo er schon nach acht Jahren starb. Hier schloß er sich an Rubens an, der — in all seiner vornehmen Idealität — ihn sehr schätzte und z. B. für seinen Hausbesitz nicht weniger als siebzehn seiner kleinen Bilder erworben hatte, und hier in Antwerpen und in Rubens Nähe wurde er erst der ausgesprochene Kolorist. Er selbst wirkte dann wieder auf den jüngeren Teniers ein, der als Bauernmaler ihm bis in die Einzelheiten nachgeht, seine Frische und Natürlichkeit jedoch nicht erreicht; dafür sind dessen Bauern manierlicher, und die malerische Haltung und der Farbenton seiner Bilder können allerdings von der höchsten Feinheit sein. Die erhaltenen Werke Brouwers gehören fast alle in seine Antwerpener Periode, in der allein wir ihn also als Künstler ausreichend kennen. Keines hat eine Jahreszahl, bloß ihr malerischer Vortrag und hier wieder vorzugsweise die koloristische Haltung läßt uns innerhalb dieser kurzen Jahre eine Entwicklung in zwei Abschnitten erkennen. Seine Skala ist zunächst bei verhältnismäßig reichlicher Lokalfarbe warm und leuchtend, der Auftrag emailartig und die Stoffnachbildung von großer Wahrheit. Dann gehen bei mehr vertriebenem, duftigem Auftrag die Einzelfarben allmählich in eine kühle, silbergraue Gesamttönung von außerordentlicher Schönheit über. Beide Manieren haben ihr Recht, weil beide auf einem künstlerischen Prinzip beruhen. Die zweite wird wohl heute im ganzen höher geschätzt, weil sie für die feinere gilt. Ihr gehören die meisten der achtzehn Bilder der Münchener Pinakothek an. Unser Dresdner Bild, das einzige mit ganzen Figuren in dieser Sammlung, muß, wie man leicht sieht, obwohl es auch einige kühle Töne hat, der ersten Klasse zugerechnet werden.

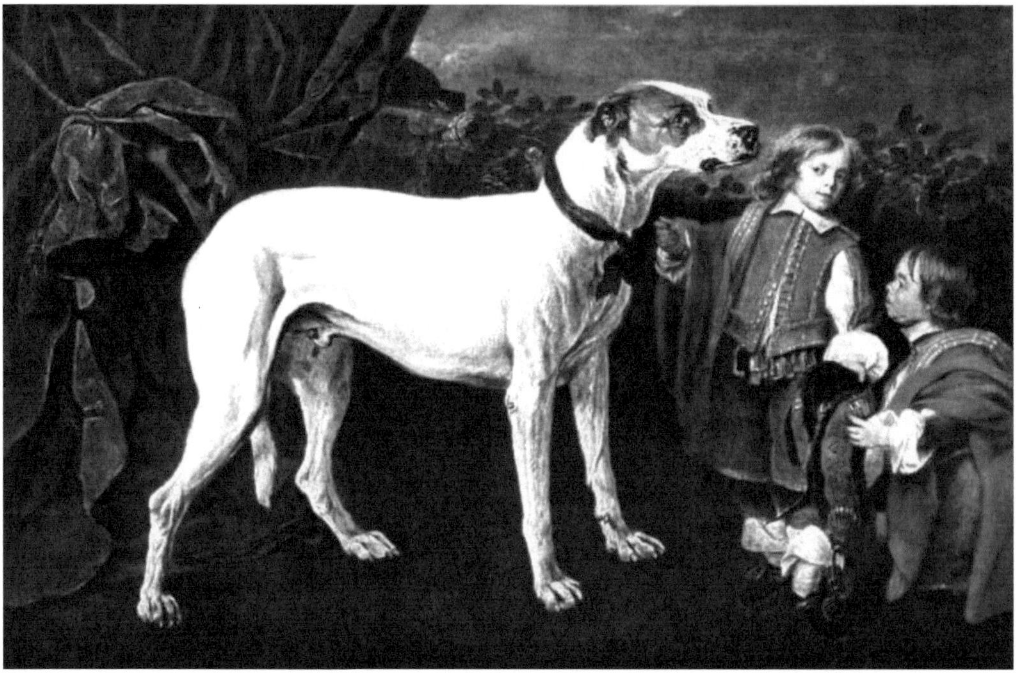

JAN FYT

(1611—1661)

Hund, Zwerg und Knabe

Während bei den Holländern sich die Maler schon früh in die verschiedenen Aufgaben teilen, hält in Antwerpen Rubens mit seinem umfassenden Talent noch alle Zweige in seiner Hand, und neben ihm wachsen Spezialisten auf, wie er sie für das Einzelne braucht, den für die Landschaft und den für Tiere und andere wieder für die Ausführung von heiligen Figuren nach seinen Anweisungen. Er braucht sie aber nur, weil er die Menge seiner Arbeit nicht allein bewältigen kann. Was sie malen, kann er ebenfalls, und zwar noch besser. Das gilt sowohl von seinen Landschaften wie von seinen Tieren, mit denen er z. B. seinen berühmten Freund Frans Snyders noch übertrifft. Und so oft er sich auch von diesem hat helfen lassen, sein Lieblingstier, das Pferd, vertraut er ihm nicht an, das malt er immer selbst. — Jan Fyt aus Antwerpen ist ein feiner Schüler von Snyders, mit einer eigenen Richtung. Es gibt von ihm bewegte Jagddarstellungen von grösserem Umfange, wie wir sie auch von Snyders haben. Aber diese Sachen sind nicht gerade sehr bezeichnend für Fyt. Am anziehendsten sind seine Tiere in ruhiger Haltung, Schafe, Ziegen, Geflügel, besonders aber Hunde, die er in allen Rassen dargestellt hat. Sodann vereinigt er Geflügel und totes Wild zu mässig grossen Stillleben, wobei gewöhnlich ein oder zwei Hunde wachthalten. Von Snyders unterscheidet er sich auf solchen Bildern durch eine sorgfältigere Stoffbezeichnung, einen mehr strichelnden oder tupfigen Auftrag und etwas toniger abgestimmte Farben. Er ist also mehr Klein- oder Feinmaler als jener. In seinen Stillleben aus Hasen und Vögeln nähert er sich manchmal dem nur wenig jüngeren Holländer Jan Weenix, aber dann malt er weicher und flächiger und meistens auch mit reineren Farben als der Holländer. Unser vollbezeichnetes und 1652 datiertes Bild zeigt uns als Hauptstück einen prächtigen Hund, dem zuliebe es gemalt worden ist. Der vornehme Knabe und sein Gespiele, ein Zwerg (nach hässlicher höfischer Sitte, die aus Spanien in die Niederlande kam), sind vielleicht nicht von Jan Fyt selbst gemalt. Der schwere rote Vorhang, der den Durchblick auf eine Rosenhecke begrenzt und zugleich dem Hunde als Hintergrund dient, zeigt uns, dass wir uns in den spanischen Niederlanden und nicht in Holland befinden.

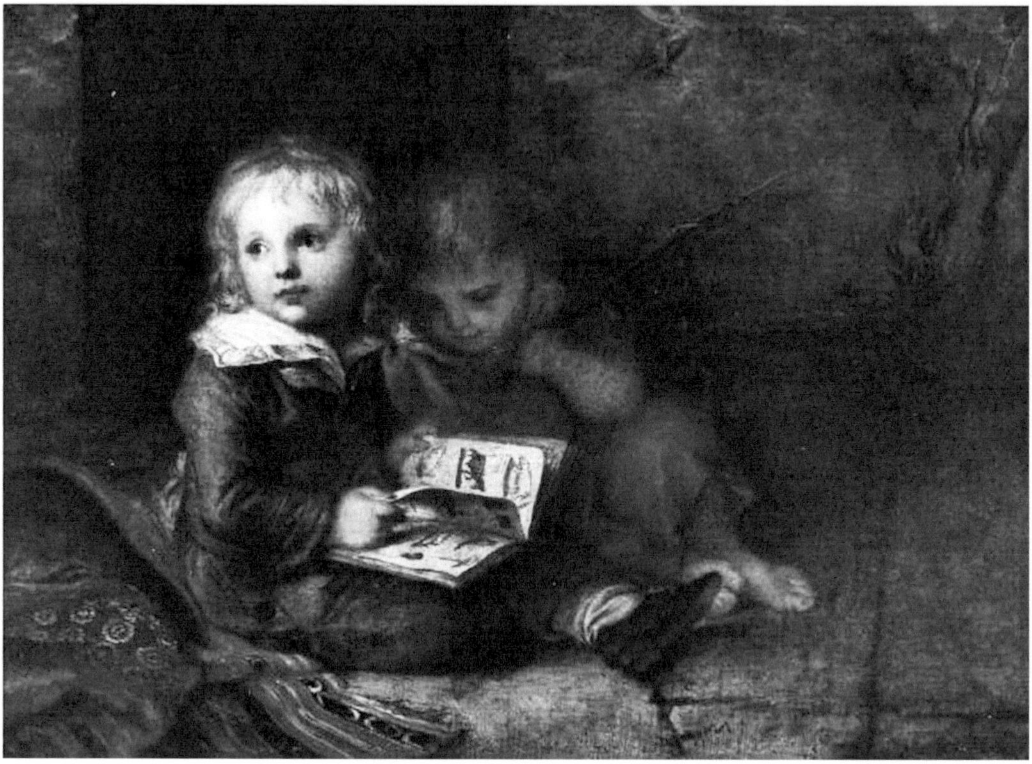

CHRISTIAN LEBERECHT VOGEL

(1759—1816)

Zwei fürstliche Knaben

Wir bringen zum Schluß ein höchst anziehendes Bild von einem ausgezeichneten Dresdner Bildnismaler aus dem Ende des achtzehnten Jahrhunderts, das einzige von ihm, welches in weiteren Kreisen bekannt geworden ist. Es gehört aber auch mit Recht zu den Lieblingen aller kunstverständigen Galeriebesucher durch seine geistreiche und zarte Auffassung und den feinen, warmen, von dem köstlichsten Helldunkel durchzogenen Farbenton. Qualitäten, die an die besten älteren Meister erinnern und die jedem heutigen Porträtmaler zur Ehre gereichen würden! Christian Leberecht Vogel war in seinen letzten Jahren Professor an der Dresdner Akademie. Früher aber malte er die längste Zeit im Dienste des Grafen Solms auf Wildenfels für die Herrschaften des Umkreises, in deren Besitz seine Bilder geblieben sind. Unser Bildnis stellt nicht, wie man lange gemeint hat, die Kinder des Künstlers dar, sondern zwei Prinzen von Schönburg. Ungezwungen in kindlicher Grazie — wie auf Murillos Kinderbildern — sitzt das Brüderpaar aneinander geschmiegt auf einer Gartenterrasse. Der jüngere, barfüßige Knabe hält eine Peitsche, deren Stil eine viereckige, ins Freie gehende Maueröffnung durchschneidet. Es ist ein feiner Zug, daß der ältere nicht den Beschauer ansieht. Die Kinder leben ganz für sich in ihrer kleinen Welt. Ihr Porträt ist zum Genrebild geworden.